Learning From the Children
Reflecting on Teaching

幼儿园生成课程系列译丛

[美]辛迪莉·维拉瑞尔 著
叶小红 译

向儿童学习

幼儿园教学反思

南京师范大学出版社

图书在版编目（CIP）数据

向儿童学习：幼儿园教学反思/（美）辛迪莉·维拉瑞尔著；叶小红译．— 南京：南京师范大学出版社，2018.8（2024.1 重印）
（幼儿园生成课程系列译丛）
ISBN 978-7-5651-3660-3

Ⅰ.①向… Ⅱ.①辛…②叶… Ⅲ.①学前教育－教学研究 Ⅳ.① G612

中国版本图书馆 CIP 数据核字（2018）第 042641 号

LEARNING FROM THE CHILDREN: Reflecting on Teaching
by Cindylee Villareale
Copyright ©2009 by Cindylee Villareale
Published by arrangement with Redleaf Press c/o Nordlyset Literary Agency through Bardon-Chinese Media Agency
Simplified Chinese translation cpyright ©2018 by Nanjing Normal University Press Ltd.
ALL RIGHTS RESERVED

博达著作权代理有限公司
本书简体中文版由南京师范大学出版社在中国大陆地区出版发行
版权合同登记号：图字 10-2018-043

书　　名	向儿童学习：幼儿园教学反思
丛 书 名	幼儿园生成课程系列译丛
作　　者	［美］辛迪莉·维拉瑞尔
译　　者	叶小红
策划编辑	万　斌　张泽芳
责任编辑	官军燕
出版发行	南京师范大学出版社
地　　址	江苏省南京市玄武区后宰门西村 9 号（邮编：210016）
电　　话	（025）83598919（总编办）　83598412（营销部）　83598312（邮购部）
网　　址	http://press.njnu.edu.cn
电子信箱	nspzbb@njnu.edu.cn
照　　排	南京凯建图文制作有限公司
印　　刷	江苏凤凰通达印刷有限公司
开　　本	710 毫米 ×1000 毫米　1/16
印　　张	7.75
字　　数	100 千
版　　次	2018 年 8 月第 1 版　2024 年 1 月第 6 次印刷
书　　号	ISBN 978-7-5651-3660-3
定　　价	48.00 元
出 版 人	张　鹏

南京师大版图书若有印装问题请与销售商调换
版权所有　侵犯必究

总序

"幼儿园教育是基础教育的重要组成部分,是我国学校教育和终身教育的奠基阶段",幼儿园教育也有其教育目标和教育任务,由于学前教育的特殊性,这些目标和任务需要符合儿童身心发展的特点才能很好地实现和完成。因此幼儿园课程既要考虑社会的要求,也要考虑幼儿的兴趣和需要;既要促进幼儿的长远发展,也要满足幼儿即时的兴趣和需要。

长期以来,预设课程在我国幼儿教育中占据着主导地位,预设课程有明确的目标、内容和过程,教育过程就是实施预先设计好的方案或计划,幼儿在预设的方案或计划的框架中掌握教师准备的相对固定的内容,教育目标较易落实,能够保证幼儿的基本发展。尽管现在教师在制定和实施预设课程时会越来越多地把儿童的兴趣和需求考虑进去,但教师的关注点还是更多地放在预先制定的教育目标上,强调预设目标的准确性和确定性,在课程实施过程中，容易让教师拘泥于预定的目标，并在目标的引导下对幼儿进行指导和控制，出现"走教案"的情况；很容易出现课程与幼儿学习需求之间不一致的现象，幼儿的需要和兴趣得不到应有的、有效的重视，导致幼儿缺乏参与活动的内部动机，使得幼儿的主体性难以得到充分的发挥。

随着学前教育改革的不断深入，学前教育新理念、新思维、新方法不断为大家接受。在幼儿园教学中，教师越来越注意承认学前儿童的主体地位，尊重儿童人格，尊重儿童需要和兴趣，激发儿童的主动性；承认教师是学前教育的组织者、支持者、引导者和合作者。从某种意义上讲，生成课程更符合幼儿园教育实际和目标要求，进入大家的视野后，被不断学习、接受和使用。这使得生成课程逐渐成为幼儿园课程中新的存在方式。

生成课程不是教师僵化地执行预先设计好的方案或计划的活动，也不是听任幼儿无目的、随意、自发的活动，而是教师在课程实施中，通过对幼儿的观察，发现和跟随他们的需要和兴趣，充分利用教学资源，随时调整活动目标和进程，支持、引导幼儿的活动，充分发挥幼儿的自主性，调动和激发每个幼儿的潜力，使课程不断发生和发展，促进幼儿进行动态的有效学习和多元化发展。

实施生成课程对教师而言具有一定的挑战性，除了需要激发教师创造的热情外，对教师的素质要求也很高。这种素质不仅包括专业知识和技能，而且还包括教育机智和智慧。比如，在幼儿园教育中，教师对发生的一些很有价值的事件（幼儿的问题、行为、反应等）常常捕捉不到；有时虽然捕捉到了，但教师不知如何引导，或者教师也注意引导了，但可能由于教师的知识储备和应对能力不够，无法充分发挥其应有的教育功能。这些问题也许不是生成课程本身的问题，而是由于教师还没有足够驾驭、拥有生成课程的素质和能力，致使活动流于形式，为生成而生成。

《幼儿园教育指导纲要（试行）》指出"善于发现幼儿感兴趣的事物、游戏和偶发事件中所隐含的教育价值，把握时机，积极引导。关注幼儿在活动中的表现和反应，敏感地察觉他们的需要，及时以适当的方式应答，形成合作探究式的师幼互动"。《3—6岁儿童学习与发展指南》要求"最大限度地支持和满足幼儿通过直接感知、实际操作和亲身体验获取经验的需要""要充分尊重和保护幼儿的好奇心和学习兴趣，帮助幼儿逐步养成积极主动、认真专注、不怕困难、勇于探究和尝试、乐于想象和创造等良好学习品质"。为了满足幼儿园实施生成课程的现实需要，提高幼儿园教师开展生成课程的素质和能力，我们策划引进出版了这套"幼儿园生成课程系列译丛"。

通过对"幼儿园生成课程系列译丛"的阅读和

运用，我们期待幼儿园教师能够更好地理解生成课程的理念和价值，把握生成课程的内涵，学会实施生成课程的有效方法，提高实施生成课程的水平；解决好我国学前教育领域面临的"如何处理幼儿生成的活动与教师预设的活动之间的关系""如何面对幼儿自发的兴趣？""如何让幼儿自主、自由地发展？""如何处理幼儿与教师间的关系？""如何给予幼儿适宜的帮助？"等问题，让生成课程在幼儿园广泛、正确地实施起来。这样可以更好地调动幼儿学习的积极性，让幼儿的学习更生动、更有效，发挥和发展幼儿的主体性；更好地提升幼儿园教师的专业素养和能力，提高我国幼儿园课程水平，促进幼儿的全面发展，为未来培养出更多、更好的创新型人才打好基础。

幼儿园生成课程的实施是一个动态、变化而又很难原封不动复制的过程，关键是要理解生成课程的理念、内涵，掌握其方法，具体实施水平需要在幼儿园教学过程中不断反思、总结和提高。南京师范大学出版社一直努力为广大的学前教育工作者和研究者提供先进的、科学的、有价值的学前教育理念、理论和实践产品，让我们一起为我国学前教育事业的发展做出贡献。

"幼儿园生成课程系列译丛"丛书编委会

2018 年 8 月

谨以此书献给我的姐姐马尔奇·兰迪。

你是一个"独特"的人。你的美由内而外,令人着迷。

我这一生都在关注着你,仰慕着你。因为你的勇敢,使我能自由地成长为一个独特的我。你让我明白故事的价值。感谢你给我时间让我能松口气。

目录

致谢 1

前言 1

第一部分：做最好的自己 1

1　伊娃的歌 1
　　在场并回应 3

2　一个得红眼病的孩子 9
　　准备好奉献自己 10

3　牵手等待 17
　　成为真正让儿童信任的人 19

4　泥巴日 24
　　有灵活性 26

5　我，有偏见？绝不！ 30
　　与每一位儿童建立关系 32

6　文森特的故事 36
　　做好帮助受虐儿童的准备 37

第二部分：做特别的自己 41

7　勇敢的艺术公主 41
　　让儿童成为独特的人 42

8	博建立的超级有组织的系统	48
	发现并尊重每个孩子的才能	50
9	变相的领导者	56
	以积极的方式接受每个儿童的特质	58
10	新鞋子	61
	赞美那些真正重要的事情	63

第三部分：帮助我以新的方式学习　　　　　　　68

11	错误行为	68
	把错误视为学习的机会	70
12	菜谱	77
	创设合适的环境	79
13	一个安静的孩子	84
	帮助孩子以让每个人都感到舒服的方式学习	85
14	我们准备好了吗？	89
	想一想每个儿童准备学什么	90
15	湿袜子会毁掉你的一天	96
	教孩子们成为好朋友	98

参考文献　　　　　　　109

附录：职业倦怠评估问卷和个人目标图表　　　　　　　105

附录 A	职业倦怠感评估问卷	106
附录 B	个人目标表	107

后记　　　　　　　102

致谢

致皮特、利瓦伊和詹森：感谢你们给我宝贵的写作时间。不然，这一切都可能还在我的脑海里。

致妈妈：我从您那里继承了识人的能力，从您那里，真正学会了看人。从小到大，我都庆幸有福气做您的孩子。

致莫妮卡、拉维娜和唐：感谢你们让我有保持继续前进的动力。

致凯文、史蒂夫、瑞贝卡和泰勒：感谢你们的鼓励。

致在本书中讲故事的杰克和伊娃：你们让我看到了做幼儿园教师的价值。

致凯瑟琳·巴那斯：感谢你为我提供专业的信息和建议。

致金姆·施特雷特：感谢你令人惊叹的摄影技术和支持。

致策划编辑莱德利夫·普雷斯、凯拉·奥斯滕多尔夫，高级编辑迪安妮·凯尔斯：感谢你们让我美梦成真。

最后，感谢那个给我智慧和语言的人。

前言

今年，我第一次在幼儿园带班时的孩子们都已经过他们21岁的生日了。我很想知道自上次见面后，他们都学到了些什么。在我的班上所学的东西，是否会对"他们是谁""他们现在在哪里"产生了影响。许多研究者试图回答这个问题。如果你长期从事早期教育领域的工作，你可能会引用一些他们的研究成果。正是这些深埋在我们头脑和心灵深处的引证，提醒我们为什么要把时间花在让孩子学习系鞋带、数数到二十、满怀热忱地唱《可爱的小蜘蛛》上，这种热忱就像我们的手指第一次举高过喷水孔喷出的水的感觉，并乐此不疲。但是，在"我想知道那些学生现在在哪里"这个问题里，包含着一个反省性的问题：我在哪里？

我相信"三人行，必有我师"。每个人都可以给你一个全新的观察生活的视角，如果你没有遇到那个人，你就会错失这样的视角。如果这是真的，那么我的人生教育主要依赖于四岁的孩子。我曾上过许多大学的收费课程，阅读过各种书籍、研究报告和期刊，还听过许多精彩的讲座。但四岁的孩子们给我的教育并不是来源于书本。当他们在我眼前长大，并叫我"老师"时，我便常常成了那个收到学生礼物的人。

所以，尽管那些现在已经21岁的孩子们正在开辟自己的道路，我也想分享一些他们和在他们之后的学生带给我的故事和礼物。每年我都会和下一个班级的孩子们一起分享这些礼物，而这些孩子又给我带来了一套新的礼物。我希望这些故事也能成为您的礼物。

关于本书的体例

每一章我都以一个故事开始。因为我和孩子们的经历包含着我想要传递的关于学习的核心内容。这些都是真实的故事，我有幸成为其中的一部分。我用现在时来写，这样，在阅读的时候你会有一种与我和孩子们在一起的临场感。

讲述完每一个故事后，我会分享我个人的看法。我想让你们了解这些事情对作为一个人以及作为一名教育工作者的我所产生的影响。从我个人的角度出发，总结经验，向外推广，让每一个听过故事的人都能从中学到东西。最后，我希望你在阅读过程中也要反思这个故事对你的影响，反思它对你生活中某一点所产生的影响。在某种意义上,我希望你也能拥有自己的故事,以你自己独特的方式来学习。

希望你喜欢这本书,并觉得它很有帮助。我知道在你的内心也有这样的故事。别忘了,把这些故事传递下去!

第一部分： 做最好的自己

1 伊娃的歌

在我的托儿中心有一间又长又窄的房间。它有许多用途，但基本当作午睡室。孩子们带着自己最喜欢的睡眠品睡在铺着小床单的厚厚的垫子上。

伊娃是他们中最小的孩子，今年三岁了。她总是拿着自己的毯子、一个特别小的缎子枕头，还有一只小小的布袋做的里面装了豆子的"动物"。今天她带的是一只黑色的"狗"。房间里正放着我们最喜欢的那盘磁带中的音乐。

"辛迪莉，辛迪莉。"听到叫声，我朝房间的另一头看去，伊娃正坐在她的小睡垫上，我以为她十分钟前就睡着了。我的第一反应是叫她躺下来睡觉，因为我正在写下周的计划，不想让自己的思路被打断。她平时都能听从我的指令，这次她也会照做的。然而，我想到自己曾发誓要在孩子们需要的时候在场并有所帮助。于是我点击了保存键，走到她身边。

"你会摇摆吗？"她问道。和伊娃一起摇摆，意味着与她及她的所有午睡物品一起依偎在教室的摇椅上。如果花时间和伊娃在一起，我就无法在其他孩子醒来之前完成我的案头工作，我就很难按时完成计划。这就像滚雪球一样会给我带来更大的紧张和压力，会导致我要熬夜，会减少我跟自己孩子相处的时间。然而，当我看到伊娃温柔的眼睛时，我知道她这么做不仅仅是故意在推迟睡眠。

伊娃占据了这一切，我轻松地把她拉入怀中。我们调整了一个舒适的位置，跟着缓慢的中音萨克斯及海浪的声音摇晃着。伊娃开始唱歌，"一闪一闪亮晶晶，满天都是小星星……"我又一次尝试着让她入睡。"不，让她唱吧！"我按捺住自己，努力保持安静。三岁的她拥有非常美妙的嗓音，唱起歌来比小鸟还好听。

唱完最后一句时，她问我："你为什么会允许我唱歌？""为什么……"在我的教室里，这是一个常见的问题，而且总伴随着一个有意义的答案。所以我回答道："因为你看上去需要唱歌。有时，唱歌会让我们感到更加放松和快乐。"我的回答甚至让自己吃惊。"我觉得你的歌声也很好听。"她温柔地微笑着，重复着那首小夜曲。

"好吧，现在我可以睡觉了。"她从我身上爬下来，回到自己睡觉的垫子上。在我还没有去敲字之前，她已经睡着了。

现在,这成了午休时的一种例行仪式,我们一起摇摆,她唱歌。我发现，每一天，她的嗓音总能以一种平静的方式唤醒我的灵魂。我们进行了一系列关于"音乐是如何触动我们的心灵"以及"分享音乐是如何影响我们的世界"的对话。总有一天，她的声音也会打动学校以外的世界。

在场并回应

对我来说，放下手头上的工作，花时间陪伴伊娃是件很纠结的事。我没有为计划之外的事情留出额外的时间。现在也没有额外的时间来做计划，况且我以自己的课程计划为傲。然而，作为一名教育者，要想工作有效就需要进行全面计划。每个星期，我都制订了班级工作目标和个人工作目标。所以，我需要全神贯注。这就犹如坐在一列思维的火车上，我并不想让它偏离轨道。

在陪伴伊娃一起度过那段美妙的时光之后，我意识到，要兑现在孩子们需要的时候在场并回应他们的承诺，就需要做一些练习。同一天中，有多少次我们为了完成自己的日常工作计划而把孩子们扔在一边呢？就在刚才午睡之前，卡琳就曾向我展示过一些东西，我对她说，我们待会儿有空的时候再看。但之后我却没有跟进。现在我问自己究竟错失了多少原本可以对孩子进行教育的机会。

斯宾塞·约翰逊写过一本很棒的关于活在当下的书。下面这段是其中我最喜欢的句子：

关注现在意味着

不理会纷扰

全神贯注于

眼前真正重要的事情

你用你今天的注意力

来创造自己的礼物

（约翰逊，2003，40）

"你用今天的注意力来创造自己的礼物"这句话很有力，它适用于

"present"的两个定义（注：present 既可以解释为礼物，也可以解释为现在）。从你关注的东西中，你获得了一份礼物，同时你选择将注意力投向何方，也创造了你的意识。

我们给孩子们一份礼物：一份关注现在的礼物。这就意味着我们不仅仅只是人待在房间里，而是要有时间去回答孩子们的问题，满足他们的需求，把他们的事情放在我们的工作计划之上。伊娃需要一些个人的关注，逃避午睡不是她的常态行为。的确，有些孩子为了逃避午睡而不断插嘴。但此时此刻情况并非如此。她只是需要一些特殊的、温暖的关怀（TLC=Tender Loving Care）。当我满足她的需求时，她会感到很舒服，并且能够入睡了。

当你有空的时候，你的注意力和意识就会集中在孩子身上。他们一定是你首要关注的对象，这不仅是理论上的，更是实际行动上的。这在日常生活和活动中，很容易被理解。老师在工作时间内被要求去做的事情越来越多，这很容易使他们在任务中迷失方向，而意识不到此时刻的重要性。对教师来说，能否一心多用成了事关生存的问题。我们必须学会一心多用：即便我们正在和一组孩子交谈，同时也要用余光去留意教室里其他孩子的活动情况。

我至今还记得曾经那次因自己片刻的视野狭窄所带来的后果。当时，我正坐在一个孩子身边，他正因为朋友不愿和他一起玩而情绪激动。他的朋友要去参与另一项活动，而那项活动又是他当时不想参加的，为此他感到很烦恼。这让他产生被朋友抛弃和背叛的感觉。当我在帮他处理情绪问题时，一组女孩决定用一把剪刀来玩美发店游戏。我喜欢现在那种很好用的剪纸刀，因为它避免了孩子不会使用剪刀所带来的挫败感。我认为再也没有比让孩子尝试用无趣的、不好用的剪刀去剪纸更糟糕的事情了。稚嫩的小手刚开始学习剪东西，所以用的剪刀必须要好使。但是如果剪刀太锋利，剪纸太容易的话，也会把头发剪掉。

女孩们让汉娜坐在理发的椅子上，用一件T恤将她围起来，使她看起来像是穿了一件美发店的理发罩衫，并开始给她剪头发。他们把汉娜的一缕长长的、棕色的、有光泽的头发拉起来，在离头皮大约两英寸①的地方剪头发。当我抬头看见并发出尖叫的时候，有几缕头发已经被剪掉了。女孩们立刻哭了起来。我一直在想：她们为什么会哭呢？是因为我尖叫了，还是因为她们知道自己做错事情了？不管怎样，我也哭了。很快，男孩们也跟着哭起来，因为如果老师在哭，那一定是出了什么事情了。我感觉糟透了。我怎么会让这种事发生呢？我想他们的父母一定会生气的。我让他们失望了，我没有阻止他们的孩子去玩美发店游戏。当时，园长正走在大厅里，听到了一片哭泣声。看到我们在哭，她非但没有哭，反而笑了！这让孩子们感到很困惑。

视野狭窄不是一件好事情，真的很不好。孩子们太重要了，他们不能成为我们处理多个任务的对象。那么我们该如何去平衡呢？这几年我学到了一些技巧。如果我是教室里唯一的老师，如果我看不见全部孩子的话，我就不会坐在地板上。教师要习惯于将整个教室看成一个整体。当我在进行小组教学时，我们会使用一个工具，我称之为"一个朝上，一个朝下"。它的意思是，当一位教师在跟某个孩子进行一对一交流时，另一位教师就有责任把整个群体看作一个整体。当我独自一人带班时，我与那个需要我帮助的孩子坐在同一张椅子上，这样，我既能和这个孩子待在一起，也能关注到整个房间里的其他孩子。

有时，孩子希望成为你唯一关注的对象。这个孩子也许有重要的事情要告诉你——非常重要的事情，这时你需要停止处理多个任务，将你的注意力放到他或她身上，同时还要关注整个班级。你对孩子之间差异

---

① 1英寸=2.54厘米。

的了解程度，取决于你对他们需求的察觉。事实上，在您阅读本书时，您会发现本书的每一页都有一个共同的线索，这个线索就是"关系"。你对班上孩子的个人需求、偏好、才能了解得越清楚，你就越有可能成为一名高效的教育工作者。当你了解你所面对的孩子的秉性时，你就会知道这个孩子是否真的需要你的注意，还是只是想帮你找到那片"缺失的拼图"。即便是后面一种情况，你也应该花点时间，不需要太长时间，顶多30秒，看着孩子的眼睛，给予他（或她）一心一意的关注。那30秒可能是这一天中成人唯一一次对他（她）的倾听。我刚开始教书的时候，每30秒只能赚到6美分的工资。6美分，对我而言只是6美分钱，但对孩子来说，却是无价的。

有一个方法可以快速确定与孩子们在一起时是否在一心多用，那就是注意你的眼睛在看什么地方。当孩子跟你说话的时候，你是在看他呢，还是在教学柜里找彩色记号笔？你的眼睛在看什么，说明你的主要注意力集中在哪里。在场并有时间回应孩子是一件困难的事情。因为教师们的头脑中要关注那么多事情：孩子在说什么，他们正在进行哪一种游戏，家长的到来，教室里的其他工作人员，那只找不到的鞋子在哪里，家长们昨晚所担忧的事情，如何让挑食的孩子好好吃午饭，如何让这个喧闹的孩子休息一下，如何与那个令我们担心的孩子的父母沟通，孩子们的个人需要……这样的事情不胜枚举。接着，当然，我们必须还要进行教学。

难怪有人会对我们的工作表示惊讶。现在我把它写下来了，我自己也感到惊讶。但我们做到了，而且我们通常做得很好。当那个坐在垫子上的孩子想要摇摆的时候，我们就会摇摆。我们放下了计划，放下了笔，唱了一首天使般甜美而美妙的歌曲。这首小曲让我们的心中再次充满了爱的能量。这首歌让我们精神振奋，使我们的面容再次焕发容光。我们深深地呼吸，把那些沮丧的事情统统抛开。这样，我们就能以乐观的态度去对待。我们擦干感激的泪水，准备迎接一切再次的发生。

反思

我清楚地记得那天的眼泪。我找到了那个教育的契机。我不仅满足了伊娃的需要，使她能很满足地去午睡，而且还在她的生活中打开了一扇门——这扇门将通向她的爱好，使她的生活充满音乐。这首小小的歌曲不仅影响了她，让她感受到内心的平静，而且还让她明白自己的音乐天赋已经打动了我。她看到并感受到了音乐的力量。我能成为拓宽她视野并丰富她生活的人，这是件多么荣幸的事情。我把我的礼物送给她，而这份礼物可能改变了她的一生。事实上，改变了两个人的生活。一旦尝到了"在场"和"关注"的甜头，我就上瘾了。世上没有回头路，因为这种感觉太强大了。这一刻改变了我的生活，也成了我得到更多新礼物的开始。

像这样的时刻会让我和幼儿发展更牢固的关系。通过把自己的注意力放在她身上来提升她的自我价值，这显示了我对伊娃作为一个人的权利的重视。许多伟大的理论和研究都探讨了"关系"是如何影响"人的发展"这个问题。布朗芬布伦纳（Bronfenbrenner）在《人类发展生态学》（1979）这本著作中强调了社会和文化对儿童发展的影响。他指出，所有的关系和社会经历都会对孩子的成长产生影响。他把儿童的世界分为四个系统（或者叫圈），越靠近儿童的系统对儿童的影响越大，最接近儿童的圈是微系统。孩子们的大部分时间都在家里、学校、他们的社区里度过。这个内圈最有可能影响一个孩子，而你就在这个圈子里。

那么，你想给班里的孩子们送什么礼物呢？在教师一天的工作中，要做很多事情。每天，研究人员还要在"如何创设完美的、高质量的早期学习环境"的清单上补充新的内容。但是今天你能做些什么，才能给孩子们带来"关注他们及他们当下的需要"这份有意义的礼物呢？如果你注意观察，他们会向你展现。

信守在场并回应的承诺

1. 有目的地倾听，注意用你的眼神与孩子交流。

2. 在教室里走动，使孩子们能找到你，直到他们先与你说话。如果你很忙，他们可能觉得不能打断你正在做的事情。

3. 告诉孩子们："如果你需要我，我就在这里。"有时我们只是假设他们知道这一点，但他们通常不会这样做。对他们而言，听到我们这么说是一种慰藉，而对我们自己而言，则是一种提醒。

推荐阅读书目

Burman, Lisa. 2008. Are you listening? Fostering conversations that help young children learn. Saint Paul: Redleaf Press.

Johnson, Spencer, M.D. 2003. The present: The gift that makes you happy and successful at work and in life. New York: Doubleday.

2 一个得红眼病的孩子

一个孩子得了红眼病，另一个孩子流感刚好，还有一个孩子发烧39℃。我感觉精疲力尽，创造力枯竭，不被赏识，最重要的是感觉累了。但是明天我就要开始为期十二天的圣诞假期了。所以，今天我第一百万次面带微笑地抱着一个孩子，查找另一个孩子父母的电话号码。我将自己的休息时间都用来处理那两只黏糊糊的红眼睛，还有呕吐和发烧，不过这景象只在我的头脑中有过短暂停留，很快就被我忘到九霄云外了。

美好的回家时刻到来了。我需要找到孩子们的鞋并帮他们穿上，与家长进行必要的沟通，并适当地表达礼节。当父母到校时，疾病的坏消息已经散布开了。在即将离园时，父亲提醒杰克要到圣诞节后才能见到我。杰克知道这是在提醒他向我表达圣诞祝福。他转过身来大声说道："圣诞快乐，辛迪莉，我爱你！"他的话深深地打动了我的心，我将它当作让自己远离疑虑的挡箭牌。作为回应，我也给他送去了带着爱意的祝福。我们的身体是分开的，但我们用祝福拥抱了彼此。那一刻，杰克赋予我的职业以新的生命力。他爱的宣言是在提醒我，要好好享受我那十二天的圣诞节休假，然后带回更多的微笑。

准备好奉献自己

有时孩子的话是我们在工作时得到的唯一奖赏，而且这种奖励远远超过奥斯卡奖或艾美奖等任何奖项。从你与孩子的关系中获得力量，是我们教师能长期生存下来的必要条件。儿童促使我们去做该做的事情。孩子们是如此的珍贵，我们即使冒着自己在圣诞假期得红眼病的风险也要去照料他们。

不管你的工作环境如何，孩子的事情都是头等大事。其他的一切都是次要的，有时甚至会对我们不利。在这一领域，我遇到的大多数人都非常愿意为儿童的福祉而奉献，是为儿童的利益而付出的英雄，而我看到很多英雄都已精疲力竭。在我十二天的圣诞节假期之前，我还没有到精疲力竭的地步，我只需要休息一下就好了。在我教书的时候，有睿智的导师和管理者们教我怎样从那些我努力地为之付出的人们的关系中汲取力量。他们教我如何注意职业倦怠的迹象，以及如何在快要有倦怠的时候获得重生。然而，在我随后的职业生涯中，作为一名托幼中心主任，我并没有在那个岗位上得到这些支持。

我热爱我的工作，我的工作单位，我所服务的家庭，以及和我一起工作的员工。每天有很多的琐事要处理，我工作的时间很长。来我们中心的孩子们应该得到最好的服务，我的工作就是确保他们每个人都能得到这种服务。我刚来工作时，这里简直是一团糟。一段时期，它一度缺乏领导。副园长正在尽最大努力把它理顺，但手头上还是有很多问题。大多数员工需要更换或重新培训。过了一段时间，即使是那些需要再培训的人，也认为难以达到我的标准，所以他们自己离职了。那些留下来的人最终成为中心管理层的一部分。这里的设施需要清洁和修理；家园关系需要重建，要建立彼此间的信任；课程需要调整；招生人数必须增加。最重要的是，我被准许使用获得全美幼教协会认证的课程。

在两年内，我们实现了这所有的目标。在那两年里，我每周工作五十到六十个小时，但工作的进度令人难以置信！我们被认可了。我在中心获得了最高的家长满意度，我们的注册人数增加了，员工流失率下降了一半以上。因为我热爱我的工作，我的托幼中心，我所服务的家庭，以及和我一起工作的员工，所以我一直在努力。

这一路走来，一直有信号在提醒我。但是，我要么没有看到，要么不想去关注。我病了，真的病倒了。我的人际关系也遇到了问题。我的家人深受其害，我甚至不知道自己孩子生活中发生了什么事情。事实上，比起我儿子，我想我更了解员工的生活。

于是，这一切发生了。我对案头工作是否完美不再在乎。我试图缩短工作时间，但是它们需要我，至少我认为它们需要我。我害怕早上去上班。我一直很累，我让自己穿得更舒服，我看起来不那么专业了，甚至越来越少化妆了。周围人说我看上去很累，于是我只能去喝更多的咖啡因饮料。我无法集中注意力，我犯了更多的错误，我的耐心消失了，我忘记了自己的基本责任。工作人员在抱怨，虽然他们中的大多数人没有直接向我抱怨，但我知道他们有怨言。然后，我又病了。最终，我放弃了。

职业倦怠就如同听上去的一样。你耗尽了所有的精力、动力，甚至你的欲望。这在那些对什么都漠不关心的人身上体现得尤为明显。处于倦怠状态的人已经耗尽了他们能付出的所有精力。他们用尽全力，却没有给自己补充补给。这个过程就是一个只有付出而没有回报的过程。

制订一个反疲劳计划，是改变这种状况的一个很重要的方法。这个计划就是要定期补充你的"油箱"，使"油箱"中的"油"不要太少。我告诉我刚买了第一辆车的儿子，不能让油箱中的汽油量低于半满线。这对这辆新车更好，也更能让他母亲保持内心的宁静。少年时代太容易陷入兴奋之中了，以至于常常忘记检查汽油表。在明尼苏达，特别在冬天，汽油耗尽了就会让你陷入被抛弃在路边受冻的窘境。你的"油箱"的油量过低，也可能会产生类似的后果。

那么用什么来填满你的"油箱"呢？很多东西都可以。首先是健康，这是幸福生活的基本条件，因此要确保自己有足够的休息、锻炼和营养。我以前常常对这句话表示怀疑，因为我们到哪都能听到这样的建议。即使是深夜电视广告，也会告诉你这些事情是多么的重要。但现在我岁数大了，听起来像是在说我自己。好好休息，注意饮食，多加运动！

让你的生活多一些有趣的事情，会更有乐趣！在你的教室里，在一天的工作中，要确保自己是开心的。和孩子们一起欢笑，和他们一起玩，和他们一起画画，和他们一起奔跑，和他们一起堆雪人。无论什么事情，只要你喜欢就去做。过去二十年我最美好的记忆就是和孩子们在一起的那些时光。

加入"油箱"的有趣的事情会因人而异。对我来说，有趣的事情包括做一些疯狂的事情。例如，我在一个全日制的托幼机构工作时，当时我们即将要搬到新的托幼中心去，但在这之前我们还要在这个大楼渡过最后几个星期。老的、破旧的建筑即将被拆除，这个场地铺平后要做一个停车场。那是俄勒冈气温高达32℃的一个夏天，我们正在研究土壤。我们在草地上挖了一个很大的洞，抖松了泥土，然后加入水。我们挖了一个2英尺深的泥洞。太棒了！邻居们都来参观，我们的故事也上了报纸。多么美好的时光，我们的"油箱"装满了欢乐！

有很多东西都可以来填充我们的"油箱"。例如，午休的时候，我总是会放音乐，这是我个人的爱好，也同样适合孩子。每天，在相同的时间播放同样的午休音乐有助于孩子更好地入眠。他们没有把音乐调到下一首，看看下一首是什么音乐，因为他们之前都已经听过了。既然你每天都要播放同样的音乐，那么你是否喜欢它就显得尤为重要。

其他的填充料呢？还有很多：赏识自己的成功；帮助有需要的人；超越职责的要求；给别人一个感激的拥抱；给他人一个鼓励以填满他/她的"油箱"；让你的感官更清新。我过去习惯用空气清新剂，就是为了让自己能呼吸到新鲜的空气。否则，有些房间会变得很闷！

也许你不知道用什么东西去装满你的"油箱"。如果你是一名刚入职的老师，你可能不知道什么东西会填满自己的"油箱"，不知道自己会从中汲取些什么。不过，你很快就会有所发现。在你第一次与一个不安的父母打交道时，就能真切地领悟我所说的话。当你送走那个家长，将注意力转向那群需要你关注的孩子身上时，你必须学会像切换电灯开关一样迅速地转换模式，这时你就会知道自己的"油箱"正在被抽空。没关系，只是不能让它低于半满线。如果有可能，让它装得满满的。

当我遇到像跟杰克一起分享祝福的那种美好时光时，我会把它写下来。这个可供日后翻阅的书面记录，就是奇妙的"油箱"填料。不幸的是，当我们身处困境的时候，孩子们往往不会向我们表达爱和感激的话语。然而，那个时候恰恰是你需要记住的美妙的慢动作瞬间。如果没有把它们写下来，并放在手边，你可能很难回忆起来。当我们面临环境的压力时，昨天的成功时刻可能会黯然失色。

我甚至还把我对美好时光的记录，放到教室的剪贴本中。家长们会问起这个本子，或者只是像看看一个房间一样随便翻翻。所记录的这些文字既是对自己履行承诺的证明，也是在向我们的课堂关系致敬。孩子们和家长会花时间去阅读我对班级中度过的美妙时光的记录和赞美。我知道，要记录这些东西，就相当于在你日益增长的工作清单上又加了一件事，但我保证这是件值得你花时间去做的事。

人们经常问我，在儿童早期教育机构中为什么人员流动这么大。有些老师因一工作就意识到这个职业并不适合自己而离职；有些人因靠工资无法生存而离职；有些人离职的原因与其他行业中离职的原因是一样的；还有一些人是因为职业倦怠而离职。我们这些留下来的人就是"被判了无期"的人：我们以此谋生。如果你要以此为生，最好确保自己掌握一些预防措施。我自己对职业倦怠是有所预防的。它是一种无能综合征，它是真正的精疲力尽和精力严重被透支。我花了三个月的时间没有工作，才让自己恢复正常。在第一个月，我的大部分时间都在睡觉。第二个月结束时，我才可以用完整的想法与别人进行有智慧的谈话。大约在同一时间，我终于可以做到从一个房间走到另一个房间，同时还能记起我为什么要到那里去。大约到第三个月月底的某个时候，我才又开始喜欢孩子了，也许那时不喜欢成人，但喜欢孩子。如果我闭上眼睛，仔细聆听，我仍然能听到杰克的圣诞愿望。我仍然能感受到他给我的拥抱。幸运的是，自那时起，我拥有许多其他令人喜爱的时刻。我记得这些时刻，现在是这些记忆将我唤醒，让我加满了"油"去工作，准备好去奉献。

反思

在圣诞节遇到杰克的时候，我正在问自己为什么要做这些事情。有些时候，我们觉得自己好像一直在给孩子擦鼻子。我们的计划还没有完成，家长不快乐，孩子们不快乐，我们自己也不快乐。今天只是其中的一天。杰克提醒我，即使在给孩子们擦鼻子的时候，我们也在关爱、养育和教导他们。你曾经被别人抚摸过脸吗？那是可爱而温柔的时刻。皮肤与皮肤的接触提供了一种联系，一种非常私人的联系。所以，现在我给每个孩子擦鼻子的时候，我会弯下身来，看着孩子的眼睛，互相提醒，我们有多在乎对方。

杰夫·约翰逊写了一本很棒的书，讲述了从事早期教育的专业人员的职业倦怠问题。在《再次看到你的微笑》中，他给出了一个很好的"职业倦怠"定义："职业倦怠这个词可能是从电气工程领域引进的。电子元件因电流过载时，它们会过热并烧毁。烧坏的灯泡不再是其所连接的电路的一部分……灯泡不再发光了。"他接着说："人也一样。我们精疲力尽了，我们的光变暗了；我们的发动机卡住了，我们的能量停止流动了"（约翰逊 2007，14—15）。

作为儿童的照料者，我们要不断地与周围的人和谐相处。我们要善解人意地了解他们的感受和需求，我们将他们视为要优先满足的需求，需求永不停止。我们为家长服务，为社区服务，需求似乎无穷无尽。无论是身体上还是感情上，我们所承担的东西越来越多，直到砰的一声！我们的电路超负荷了，保险丝烧断或灯泡烧坏了。

你能用什么方法去防止你的灯泡被烧坏？你有记录"油箱"液位的仪表吗？你有责任为自己建立一个抗倦怠系统。那么你打算怎么做呢？

避免职业倦怠的方法

1. 列出一张能装满你的"油箱"的清单。把它贴在橱柜里面，这样当你感到倦怠的时候可以看看它。这会提醒你把"油箱"加满。

2. 看看这周的工作计划，找到一个可以填满自己"油箱"的活动，把它标出来，不要忘记要玩得开心。如果每天都能找到一次这样的机会就更好了。

3. 请你的同事和你一起完成一份职业倦怠感评估问卷（见附录A）。

如果可能的话，送一份给你的上司，请他或她定期分发这份调查问卷。

推荐阅读书目

Johnson, Jeff A. 2007. Finding your smile again: A child care professional's guide to reducing stress and avoiding burnout. Saint Paul: Redleaf Press.

3 牵手等待

在一个有十名学龄前儿童的班级中,我是他们唯一的照料者。对孩子们要有耐心是十足的生存问题。我和家长的谈话经常被那些需要我去关注的孩子打断。打断家长说话是不礼貌的,但只给予孩子一半的注意力也是不公平的,所以我就使用我所说的"手牵手等待"这个办法。当我和别人交谈时,如果有孩子也需要我的关注,那个孩子会走上前来握住我的手,而不是打断我和别人的谈话。这就是向儿童保证,他们将是下一个能得到我一心一意关注的人,而我则可以继续完成此时的谈话。

通常,孩子一走过来就开始跟我说话了,根本没有注意到我很忙。我把我的手交给这个孩子,他就知道这意味着什么,然后开始牵手等待。如果第二个孩子也需要我,而我还在与别人谈话,他就可以握住前面牵我手的那个孩子的手。这样,下一个需要我关注的人就排起了队伍。牵手等待不仅适用于我和家长交谈的时候,也适用于我和别的孩子谈话时,教导孩子们要有耐心,并要向他们保证,当轮到他们时，我将洗耳恭听。我尽量不让他们等待太久，我要尊重他们的耐心和极限。有一天早上，就出了点小状况。

卡莉的妈妈正在和我讨论即将到来的寒假聚会。今天还比较早，孩子们正陆续到校。每个孩子到来或家长离开的时候，我们都会相互说声"早上好"。琳是第一个到教室的孩子。她一脸好奇地过来，开始向我讲述自己刚才在外面玩雪的冒险经历。我伸出我的手，她优雅地抓住了我，开始耐心练习"牵手等待"。我和卡莉的妈妈继续聊着，我注意到第二个孩子走到我们的面前，说了一些"我们的运气好""下新雪了"之类的话。但琳知道这个耐心训练，并把自己的手伸给他，这样他也开始了耐心练习。我觉得很自豪。我们属于华盛顿州的一部分，不常下雪，这是一个令人兴奋的话题。

十分钟后，我和卡莉妈妈的谈话结束了。我通常不会让一个孩子等那么久，但我忘记了时间。当我开始去看第一个孩子的时候，忍不住大笑起来。八个孩子都牵着手在排队等候。我简直不敢相信！我抓了一把椅子坐下来，听他们一个接一个告诉我各自的玩雪经历。

我聆听了一个从未见过雪的孩子讲自己玩雪的故事："我跑到外面去看它是怎么样的，结果把我的网球弄湿了，我的脚又湿又冷。"珍妮没有像其他人那样兴奋。她垂着头，脚在地毯上拖着。她说："我家里没有靴子，妈妈说我必须穿靴子才能出去玩雪，所以我不能去。"我的心情跟她一样低落。我答应给她靴子，我派助手到我的车里去拿我儿子放在我车上的靴子。不管怎样，他需要买一双新的靴子了。

萨米有礼貌而坚定地宣称，自己不喜欢雪，不想玩雪。我向她保证，在我们户外的游戏区有一些地方是有遮蔽的，没有雪。

孩子们还讨论了堆雪人的计划和天气的问题。孩子们在讨论的时候，我则在倾听，然后，我们走到外面去玩了。

成为真正让儿童信任的人

这些孩子表现出惊人的耐心。他们知道，如果牵着排在自己前面的孩子的手等待，一定会轮到他们说话并能得到我全部的注意力。他们相信，在倾听他们说话时，我会与他们进行眼神交流，不会催促他们，也不会允许其他人打断他们的话。他们对这些事实很有信心，以至于他们中的一些人等了二十分钟才有机会分享自己想要说的话。

他们的信心建立在时间和不断的实践中。以前，他们也曾试过"牵手等待"，这对他们有效。过去，这些孩子们站着等待轮到他们。他们体会到了我给予他们的尊重，因为他们有机会分享自己头脑中的任何想法。我十分用心地倾听，真诚地对他们所说的话感兴趣。我们的关系很牢固。他们信任我，我也没有让他们失望。

信任一个人是有风险的，对一个以前没有被成年人尊重过的三岁孩子而言，这确实是非常有风险的。在我第一次实施"牵手等待"的时候，伊桑表现出对整个过程的不信任。我正在帮助另一个孩子拼写他的八个字母的名字，而伊桑当时需要我去关注与他的卡车有关的一些非常重要的事情。他跑过来，像湍急的溪流似的开始喋喋不休。我轻轻地伸出我的手，示意他等一会儿就轮到他了，但他拒绝了，并开始大声地、急促地说话。

"伊桑，我想听你说的一切，只要我和乔纳森一讲完就可以听你说话了。请握住我的手，你将会是下一个。"这是被实践证明很有用的话，而且通常是能起作用的。伊桑不情愿地握住了我的手。他双脚轮流抖动着，还用膝盖设法同时上下晃动。我的右臂成了减震器，使我的身体也好像加入到吉露舞（the Jell-O dance）中去。他小声嘀咕着，因为他根本不想等待。

被伊桑打断的时候，乔纳森正在写他的第一个"a"。"但是辛迪莉小姐……"我再次向伊桑解释，打断乔纳森是很不礼貌的，我向他保证，只需再等一会儿，我就会帮助他完成他所需要的一切。直到乔纳森写"h"，吉露舞一直在继续。这时，伊桑开始催促乔纳森快点。我提醒伊桑要有耐心，鼓励乔纳森不慌不忙地做自己的事情。现在，我觉得吉露舞要从房间里跳出来了。我的手臂开始有了刺痛感。

乔纳森写完了"n"，并对我的帮助表示感谢。伊桑催我到停放他那辆破卡车的现场去。我们假装他的卡车冲进机械师的急救室，机械师用螺丝刀重新组装轮胎。我一边用螺丝刀当撬胎棒，一边告诉伊桑我会一直帮助他，但他需要记住要耐心等待，直到轮到他时。

我多么想告诉你，从那以后，伊桑成了一个有耐心的榜样，但这与事实相去甚远。事实上，我不确定吉露舞是否能慢下来了。但他确实握住我的手，并相信我会尽快帮助他。对伊桑来说，耐心可能永远不会太好，但他对我的信任超过了他所能够达到的耐心程度。虽然他自己不太有耐心，但他对我们关系的信任和我对他的承诺，使他克服了自己的弱点——手牵着手，抖动，等待。

相互尊重的沟通，体现在很多方面。当孩子相信你说的话时，他们知道你说的话表达的是你的意图。随着时间的推移，孩子们会相信你的话。孩子们知道你说话算话。这一点，在我看来，常常在父母接孩子离园时特别明显。家长告诉孩子她就要离开了，但接着她却开始跟老师或其他家长说话，所以她的孩子就继续玩。过了一会儿，家长又说了一遍要离开了，并要孩子穿上外套，或者走到门口，但家长继续在跟别人说话。孩子知道父母说的话不算数，所以孩子继续玩。这种情况可能会发生好几次，直到家长因孩子还没有做好离校准备而发火，这时，她终于决定离开了。看孩子对成人所说的话的反应，可以发现成人是否说话算数。

如果孩子们不相信老师说的话，就如你看到的，课堂会很混乱。如果老师不遵守自己说的话，孩子们也就不会遵守老师发出的基本指令。他们根本不相信，老师会说话算数。另一方面，当老师信守自己的承诺时，教室秩序的管理就会很顺利。孩子们甚至会轮流说话。

成人与儿童的交流应该主要体现在信息交流和社交情境中。当你告诉孩子在北美洲有三千多种不同的蝴蝶时，是一种信息交流。当你问孩子新的宠物在做什么的时候，你正在与孩子进行一次社交谈话。给予指导，其中包括提醒孩子该整理或洗手的一些指令性话语，在所有的师幼课堂对话中所占的比例应该最小。关于行为的指令是必要的，但它对孩子的生活影响却是最小的。

有一次我遇到一位教授，他在课堂上没有给出任何指令。他会使用"第一人称"表述，比如："我现在想到外面去。所以我要把这些东西收拾好，这样我们都可以出去了。"令人惊奇的是，孩子们会跟着他做。因为他们也想出去，所以就帮忙一起整理了。这个策略很有效，尤其是在你和孩子们一起玩的时候。他们会跟随你的脚步。他会说："我希望其他朋友也一起去，所以我去看看他们是否需要我的帮助。"然后，他和他的小组成员就会去帮助别人整理，因为这样他们就可以一起出去玩了。这种方法有助于建立团队精神和牢固的人际关系，但在更深的层面上，它教会孩子如何思考。他所说的话不是用来操纵别人的行为。在他的教室里，这些话塑造了一种思维模式。孩子们开始发表自己的"第一人称"的话语，这证明他已经影响了孩子们的思维过程。

越在不给予指导的情况下去鼓励孩子积极的行动，孩子的表现越好。说你不应该给孩子任何指令是很极端的，但你最好尽可能少地向孩子发出指令。问孩子问题是避免给出指令的好方法。如果孩子们从盥洗室出来，还没有洗手却打算去玩，你可以问问他们下一步该做什么。这会稍微提醒一下他们，打开他们的记忆，而他们通常是知道的。当你问孩子问题时，他们正在做自己想做的事情，而不是别人要他们去做的事情。这使得他们的行为是基于自己的选择的，并且能避免与对立的或倔强的孩子发生激烈的争论。省下你不必要说的话，去跟孩子们讲讲有趣的事情，比如告诉孩子们全世界有两千多种不同的蚊子，其中有五十种生活在明尼苏达州。

反思

得到孩子的信任是件多么光荣的事啊！当我低头看着这八个正在排队的孩子时，我觉得自己像一只骄傲的鸭妈妈。站在那里是他们表达"我相信你"的一种方式。我早就知道老师所说的话是有威力的，但他们的行为是最有力的证明。这些孩子毫无疑问地知道，当轮到他们时，我会倾听他们的声音。他们知道等待是值得的。如果我说了些什么话却没有做到的时候，他们的信任就会突然消失。事实是多么强大，一句没有兑现的话会多么迅速地摧毁这一切。

还有一件令人气恼的事情，常常发生在杂货店或其他任何地方。当父母要离开时，孩子拽着父亲或母亲的裤腿不让走。父母会说些诸如"快点，不然我就把你一个人留在这儿"之类的话。这些话会激怒我。这句话里只可能包含两个事实：要么父母对孩子撒谎，要么父母真的要抛弃孩子。有一次，我低头看见一个孩子站在杂货店过道拖延时间，于是我跟他说："没关系，如果她离开你，你可以跟我回家。"家长的眼睛瞪得大大的，她抱起孩子，几乎跑一般朝门口走去。我并不建议这样做。之后再仔细想想，我怀疑她是否会报警！即便她是那个威胁要抛弃孩子的人，我也会成为那个有麻烦的人。

最重要的一点是，你并没有打算让自己说的话，成为让孩子们不折不扣地听从的指令。这是你是否说话算话的一个警示信号。孩子们会通过自己的反应告诉你，他们是否信任你。他们会通过采取行动还是不行动来告诉你，你的话是否有权威。所以当你提出一个要求时，仔细看看孩子们是如何反应的。有行动还是不行动？如果你发现孩子不行动，不要绝望，而是要修改这个要求！就像你说的那样简单，只说你的意图，并用你自己的行动来证明它。如果你赢得了他们的信任，呵护这种信任是件明智的事。

推荐阅读书目

Croft, Cindy. 2007. The six keys: Strategies for promoting children's mental health. Eden Prairie, MN: Sparrow Media Group.

Howes, Carollee, and Sharon Richie. 2002. A matter of trust: Connecting teachers and learners in the early childhood classroom. Foreword by Barbara T. Bowman. New York: Teachers College Press.

4 泥巴日

今天是整个学年中我最喜欢的日子之一——泥巴日。在过去的一周里，我们一直都在研究土壤。每个孩子都从自己家里的院子中挖来一袋泥土。我们观察了所有各种不同颜色的泥土，讨论了泥土的构成，并在显微镜下观察泥土。我们探索了泥土的不同用途，用泥土来制作陶器和种植。我们把植物从泥土中拔出来，观察它们的根是怎样附着在土壤上的。另外，我们还参观了一个农场，在那里我们帮助农民种庄稼。今天是星期五，星期五是泥巴日！

我们为泥巴日做了许多准备工作。我们从家长那里取得了书面许可，其中包括带一些可能再也洗不干净的衣服的声明。我还跟其他班级进行协调，这样我们就不会打扰到他们班的户外活动。我搜集了水管和旧毛巾。许多父母打算在我们指定的时间来给孩子们拍照，还有一些家长打算在泥巴日活动结束后为孩子们提供冰淇淋给他们降温。园长买来了游泳池、各种各样的铲子和桶，以及一卡车未施肥的泥土。我们准备给泥土加水，把泥土压扁、捣碎、灌泥浆。我们甚至还打算在泥巴日活动结束后，清理那些溅出来的乱七八糟的泥浆。

今天早晨走进教室时，你就能听到孩子们乱哄哄的说话声。有些孩子甚至直接穿着玩泥巴的衣服来上学，等身上的泥巴冲洗干净后再换干净的衣服。这个活动甚至搞得比万圣节的"不给糖就捣蛋"的活动还要大！泥巴日是夏天结束时的庆祝活动。这是孩子们离开幼儿园之前的最后一次狂欢。在过去的一年里，我们一起成长、建立关系和学习。我对孩子们很了解，我们之间有着一种联系，并将在最后一次纯粹为了欢乐的玩泥巴活动中去庆祝这种联系。我等不及了！

然而，园长进来了。她看上去像一块海绵，将我们的兴奋都吸干，然后把它挤在厨房的水槽里。我知道那种表情，它像是在说："有人打电话来请病假，我们得重新安排孩子或工作人员一天的活动。"如果她要增加班上的孩子人数，我们也许可以仓促行事，得到家长的许可表和可共享的衣服。但是如果她要带走几个孩子，那么我的助手就可能要去做别的事情……这个想法是不可思议的。我们只是一个小小的托儿中心，为了保持恰当的师幼比，有时我们不得不让孩子们四处活动，这样才能很好地运转。这对孩子或教职工都不太好，但我们必须做我们该做的事情。在一个小镇里，像我们这么小的托儿中心只能勉强维持着。

她开始说话了："米歇尔打电话来请病假，她儿子发烧了……"然后，因为我的情绪上来了，已经听不进去她说的话了。为这个问题争论是没有意义的。我知道她已经尽了最大的努力去避免这种事情的发生。我们把班级合并起来，这一天成了匆忙地收取家长发来的许可表传真、找备用衣服、给新加入的幼儿讲与泥巴有关的信息的一天。我们花了很多时间让班上的孩子都了解玩泥巴活动的约定，以确保新加入的幼儿不会错误地玩泥巴。这一天并不像我计划的那样顺利，我没有让这一天如我所愿地变成特别的一天。我没有特别痛快地与孩子们一起享受个人时光。那天之后，我带着失望和失败离开了这个托幼中心。

有灵活性

在我讲述泥巴日活动的时候，我还没有学会如何成功地应对意料之外的事情。现在回想起来，是我的失望毁掉了原本可能拥有的欢乐时光，这让我很痛心。我本可以把那次节外生枝的事情当作一件激动人心的事情。我们越努力地工作，孩子们就越有机会学习新的东西，但我却放纵了个人的情感，打断并限制了学习的发生。我自己未被满足的期望，使我看不到学习的可能性。

谢天谢地，从那时起，我改变了自己的看法。我发现了一个新的视角去思考节外生枝的事情。你知道我们生活的地方修过路。明尼苏达的冬天破坏了我们的道路，许多路每年都要被修补。车辆只得改道，举步维艰地在别的路上行驶。在这里住的第一年，我去参加工作面试迟到了，因为道路建设而失去了一个非常重要的工作机会。我开始因每天需要绕路和改道而生气。这样的变化会使我血脉喷张，我紧张到了极点。绕道而行打乱了我的生活节奏，破坏了我的计划和每天的日程安排。我是有计划的！我是有时间表的！这些太重要了，不能被打乱。

然后，有一天，我走了另外一条弯路。这条路穿过一条市郊的街道。那里有古朴的小商店和可爱的带有户外桌椅的熟食店。因为工人们正在前面几个街区清除一场事故，我已被一动不动地堵了二十多分钟。停在我右边街道上的那辆车决定，是时候进入我们的等候线了。当它开进来时，我开出去了。我已经足足迟到三十分钟了，我高度怀疑自己这么着急是不是要去看医生。然后，我感到有点饿了，我就把车停了下来。在街角的一家卖自制三明治和汤的熟食店里，我吃了点东西，那汤的味道就像是祖母做的一样鲜美。后来，我又走进艺术品商店。我最喜欢的是一家名叫"Doin' the Dishes"的陶瓷店。在这里你可以去画陶器。他们会向你提供所需的颜料，并帮你烘烤作品。这样，几天后你就可以来取自己的作品了。那天我没有时间做这个，但之后我去过好几次。春天的阳光温暖地照耀着我，减轻了我肩上的压力。空气是那么新鲜，滤去了我肺里冬天的霉，使它更容易呼吸。

这是一个新的恋情。这件事从开始的讨厌，发展成一种新的激情。走弯路给我提供了一个去发现新事物的机会，在人迹罕至的道路上遇见一些隐藏的宝贝，并朝着新的方向去冒险。现在，我把弯路看作是打开心灵、打破常规、超越预期的机会。尽管意外的事情仍然会打乱我的计划，所以我学着去调整，但调整并不那么痛苦，相对于结果而言，这样的代价是值得的。

现在，我也会把偏离常规和日程安排的事件视为福音。我花时间观察孩子的真正意图，发现他们的真正需要。孩子试图迂回地带我走向什么样的美好事物或兴趣领域？我在这些教室里的"弯路"中有了许多发现。我发现了学着系鞋带的孩子的决心；我看到因没有按时上厕所的孩子面临的尴尬，我让他重新审视自己的处境，从而帮助他克服尴尬；我已经能够支持孩子们积极主动地去解决自己的问题，建立友谊。我已经把孩子们带入原本可能会错过的"弯路"——成长、变化和发展的领域。但在我们日常安排的活动中，这些都是弯路，是我不会错过的美丽的弯路。我多么希望能再过一次泥巴节，那样可能会有不同的结局。

为班级制定一个恰当的时间表和理念很重要。这些愿景和目标引导我们制订课程计划，有了课程计划就会引发有目的的教学。课程计划可以通过不同类型的教学去实现，例如基于主题的或基于生成的教学方式，列出两种教学方式的共同策略。不管你选择何种教学方式，如果想引入新的想法，增加知识，对学习者构成挑战，并且使学习有效，你就必须拥有目标，并将其以某种基本规划的形式表示出来。

每日计划中是有常规的。最常见的常规是户外活动。我遇到的每一位老师，几乎都有一个按某种步骤建立起来的常规，以引导孩子们从室内活动转换到户外活动。这些常规包括：使用盥洗室；根据不同天气，穿上合适的衣服；等待其他幼儿完成任务；走出大楼；然后是达成户外活动的共同目的，或者至少是你希望达成的目的。

几年前，我搬到了明尼苏达。让我最震惊的是要带二十个孩子出去玩雪。每个孩子都需要穿上雪裤、靴子，戴上手套、围巾、帽子，还要穿一件外套，所有这些事情都要乘以二十，再加上两个教师自己也要穿戴好衣物。我花了一个月的时间才建立起流畅的常规。然后，它从未失败过。当所有人都拉上拉链，有人需要上厕所。这没关系，十五分钟前他们都去过厕所，现在有人还想再去一次。于是，脱下手套，脱下外套，解开雪裤再脱去里面的裤子……你明白了吗？我不知道这一切为什么让我如此烦恼，但我发现我们一准备出去时有人必须要去盥洗室，这着实令人恼火。

教师要面临的首要的和最常见的挫折是常规和程序被打破。我们期望所有的孩子都能遵守常规。一个游离在常规之外的孩子破坏了程序，并会导致并发症。事情并不像我们想象的那样，现在我们需要花些时间让孩子重新回到活动的流程中来。这会导致活动的延迟和挫折。我们对这一天的期望已经被打破，这可能会引发多米诺效应，使一个上午就匆忙被打发，甚至使一整天都感觉不正常。

破碎或未被满足的期望是很难处理的。作为专业人员，我们必须选择如何应对它们。我们可以把它们看作是我们日常生活中的障碍，扰乱甚至破坏我们的计划。那就是我们开始鄙视这些"节外生枝"事情的时候了。也就是在这个时候，我们会用消极的语气催促"走弯路"的孩子。如果你选择沿着那条路走下去，你工作的效率就会被磨掉。

然而，我们还有另一种应对措施。我们需要记住这个选项：绕道可以带我们去美丽的地方。

反思

你如何看待一天中的常规被干扰呢？它们是让你分神和破坏你的工作流程的障碍吗？或许，它们只是引发精彩故事情节的冒险？对于一个喜欢改变的人来说，绕道可能会是一种愉快的改变。对于喜欢按部就班的人来说，绕道对心灵的平静是一种挑战。两种观点无所谓孰对孰错，但你的反应方式可能会导致行或是不行。如果你不喜欢变化或冲动，你将永远不会真正享受走弯路的乐趣。但你不必让这些干扰对你产生限制。

关于走弯路你要注意的事情

1. 评估一天中活动被中断的情况。这种情况每天可能会有一些，但如果被干扰的时间超过按常规开展活动的时间，你身上可能存在更深层次的问题。每一天都应该犹如一条顺畅的道路，只是偶尔有一些弯路，而不是一条总体是混乱，只是偶尔有几处平坦的道路。

2. 每天早晨都要意识到：不可能事事完美，但一定要在弯路中发现美丽的风景。

3. 描述一天中你走过的弯路。例如："我们没有想到今天会下雨，然而既然下雨了，我们就可以实施雨天的课程计划了。"你甚至可以说下雨让你感到失望了，但你不想让下雨破坏了活动的乐趣。描述你克服绕道的决心，也会有助于你建立一个良好的心态。

5 我，有偏见？绝不！

你是否有过不喜欢的孩子？我说的不是孩子的行为，而是他（她）这个人。也许是她的性格让你讨厌，或者是他的言谈举止惹你生气。老师也是人，我们也有偏好和个性。世界是由形形色色的人组成的，我相信在这个世界上那些我不喜欢的人也有他们的完美之处。但它离我很遥远！让我给你介绍他们中的一员——达林。是的，这是化名。

现在是午餐时间。我们的厨房设计得特别大。里面有一张可以轻松地坐十个人的桌子，两张高椅子，几张台面，以及各种厨房用具，旁边还有一间储藏室。我喜欢和孩子们一起围坐在餐桌旁，欢笑着，吃午饭。今天吃的是砂锅鸡饭。盘子装好了，牛奶是冷的，那些饥饿的孩子们赶忙把玩具收拾好，这样他们就能吃得饱饱的。我正在帮助我们的新成员达林找到玩具架上放拼图的位置。他轻轻地把最后一块木苹果拼到相应的拼图板中去。然后，就像做慢动作一样，他站着，凝视着，等待着，然后缓慢地把一只手放在拼图的一边，另一只手放在拼图的另一边。他好像在思考接下来做什么。接着，他把拼图举起来，从容地走了5步，来到玩具架前小心地把这个拼图放到它该放的位置。我从游戏室向厨房走去，当我转身跟他说话的时候，他不在那里。我又回去找他，他只是向前迈了4步。每一条腿似乎都像沾上了糖蜜一样难以移动。

"现在我们要去厨房吃午饭，你饿了吗？"我暗地里想催他快点。当他向我走来时，我们的目光相遇了。他点了点头，但他的脚似乎并没有移动得更快。

"我在厨房等你。"我回到厨房，帮两个最小的孩子洗手，然后把他们放到高椅子上，用安全带扣紧。当达林终于进入厨房时，所有的人都已经坐了下来。他的眼睛是明亮的，他的微笑是令人愉快的，但我的耐心一点一点地在消失，我认为自己有很多东西要被磨掉。我的头发竖起来了，我每分钟的呼吸增加了一倍。

"我们去洗手吧！达林！每个人都在等着吃饭。"（除了坐高椅子的。）我最终决定在那些等待吃饭的同学开始抱怨之前给他一点帮助。我把他抱起来，放到凳子上洗手。我们唱着"洗啊洗啊洗小手"的歌，把他抱上椅子。

我的心在痛。我怎么能不喜欢孩子呢？我一直认为每个孩子都很特别很可爱。其实，直到这一刻，还没有遇到一个我不喜欢的孩子。他身上一定有一个发展性问题，那才能解释得通。这样，我至少可以理解为什么他走得这么慢。为了减轻自己的负罪感，我跟一个发展方面的职业治疗师进行交谈，她同意来见见达林。她没有做正式的评估，只是过来想让我知道，她认为我们不应该走那条路。

当她告诉我，这个孩子没有让她担心的理由时，我的心又痛了。我完全被这个孩子激怒了。我很糟糕。我感觉糟透了。这个孩子需要培养、需要被接纳，需要得到关爱，我甚至连看他一眼都觉得遭罪。我真可怜！

与每一位儿童建立关系

我和达林第一次见面时，他刚两岁。当时，我在经营一个家庭托儿所。他第一天来我家，我就知道我有问题了。他很好，这绝对是我的问题。我是一个快节奏的人。每天，我要做很多事情来充实自己的生活，并以此获得满足感。我坚持自己的目标。有人说我是个工作狂，我说这是因为我的工作效率高。然而，达林的动作非常缓慢。我的意思是非常缓慢，就像一只树懒，你懂吗？他像树懒一样移动！也许不是那么糟糕，但在某些时候似乎就是这样的。他走得很慢，我们总是要等他。他慢慢地从一个房间走到另一个房间。在我们玩游戏的时候，他移动得很慢。我们唱歌的时候，他总是要比别人慢一两拍。他很聪明，能很好地遵守指令；他的沟通能力很好；他没有表现出任何拖延的迹象；他只是喜欢耗费时间。

我曾向一位朋友倒苦水，她也是一名托幼机构的经营者。她给了我很好的建议。她说："花更多的时间和他在一起。"这听上去很奇怪。在我们一起相处的时候已经出现了一些问题，难道她还想让我花更多的时间和他在一起吗？但相处的目标是与他建立一种关系。我需要更好地了解他，欣赏他的才能、喜好和能力。

于是，我开始和达林一起玩，花更多的时间和他在一起。刚开始的时候很困难，但是我需要回顾一下人格特质才能读懂这个孩子。他有一种独特的能力，能看到被我们所有人匆忙忽略的细节。这是我第一次发现他这种能力。

我们在外面玩。达林坐在树篱旁的草地上。我和杰森、丹尼斯在一起打球。孩子们有的在小路上骑自行车，有的用水在栅栏上作画。那是一个完美的春日，一切都是绿色和彩色的。邻居家新割过的青草的气味在我的周围飘荡，连我家的草都嫉妒了。在正午的阳光下，在榆树的树荫下，鸟儿在头顶上歌唱。达林还在盯着树篱看。我走过去看看是怎么回事。

"嘿，达林，怎么了？"

"没什么，"他回答。

"你没事吧？"

"是的。"

"你需要我的帮助吗？"

"不，我很好。"

我邀请他参加我们的球赛或其他活动，但他坚持说他很好。几分钟后，达林仍然盯着灌木看。我弯下身子，坐在他旁边。

"嘿，达林，怎么了？"

"没什么。"

我以前来过这里，所以我尝试走一条不同的路。我也开始站在他观察的地方盯着灌木。在一片一寸左右大小的树叶上，有一只很小的毛毛虫。于是，我睁大了眼睛看，这里有几条，那里有几条。至少有 20 片树叶被毛毛虫占领了。它们的长度不超过半英寸长。它们向前移动了半英寸，开始吃树叶。

达林指着其中一片叶子说："这只刚出来，我认为它是最后一只。"达林一直坐在那里，观察毛毛虫的孵化！我慢慢地鼓励其他孩子也来观看这一壮观的自然事件。这件事情引发了孩子们数周的学习。我们追随许多毛毛虫度过了它们的生命周期，直到它们变成蝴蝶。然后，它们飞走了。那天，达林走到我面前，慢慢地说："现在它们都走了。"

我开始用难以置信的眼光去欣赏达林。他对世界的看法是令人眼花缭乱的。我们用放大镜去观察他在晨露中发现的微小的彩虹；我们用探听器去听地板上加热器发出的风声；我们让倒着放的三轮车轮子旋转起来，听不同的棍子在轮胎上滑动时发出的曲调。我不仅欣赏达林，而且我真的很喜欢他。要等很久他才有行动，这仍然让我很恼火。但这种烦恼被对他能看到最细微的细节和开心的事这一特殊天赋的赏识所浇灭，日渐减少。

我们知道每个孩子的指纹都不一样，没有两个孩子的指纹是一样的。最终，我们一定会找到一个我们不喜欢的孩子。有些孩子看起来很小气，还有的孩子来自不怎么微笑的家庭。有些孩子是因为个人情况而不讨人喜欢。有些孩子只是因为要激怒我们而不讨人喜欢。有时候，让我们不去评判、接纳和关心是很困难的。作为一名教师，克服你这一弱点的方法是看到这个孩子身上积极的东西，即使你不得不去寻找它。

对达林来说，我的诀窍是看到他的特殊才能和能力。那么，对于另一个孩子，你可能需要找另一种方法来帮助他治疗，或者你可能需要教会她的父母保持清洁卫生。我们必须超越表面现象，超越显而易见的现象，真正认识孩子。

反思

达林的故事是一个艰难的故事。我质疑我的职业选择，我的动机，我的职业精神，我的使命。我对自己的一切都提出了质疑。在我的生活和职业生涯中，这是一个非常清醒的时刻。我忘记了自己是带着自己的个性、自己的偏好、自己的偏见去回应孩子。然而，做了老师以后，我似乎把所有这些都搁置一边了。随着时间的推移，我懂得了，有了专业精神，我就可以限制自己的个人观点对我所从事的照料孩子的日常工作的影响，但我需要时刻注意并警惕他们有时会偷偷溜进来。我们的工作是带有情感的。如果我们不这样做，我们就不会有任何好处。

"偏见"这个词内涵丰富。已经有很多关于性别和种族偏见的研究了，这些研究表明，个人偏好也可能导致偏见。人们常常喜欢可爱的或漂亮的孩子，但不喜欢不那么漂亮的孩子。了解自己对不同情况的感受可以避免偏见。当你产生偏见的时候不要惊讶。我们的教育和经验会影响我们的偏见。我们可以说我们是反偏见的，但是我们永远不知道什么会让我们看到不同的故事。

你是否意识到自己对不同孩子的感觉，或者你为什么会有这样的感觉？评估你对他们行为的反应。你如何看待那些让你的工作更具挑战性的孩子？这些都是很困难的问题，不要害怕答案。

推荐阅读书目

Jacobson, Tamar. 2003. Confronting our discomfort: Clearing the way for anti-bias in early childhood. Portsmouth, NH: Heinemann.

6 文森特的故事

有一个孩子，我不太高兴认识他。我讨厌的是这个孩子的行为，或者应该说我是讨厌他的学习行为。文森特（以下简称文斯）很具有攻击性，我甚至觉得他有暴力倾向。当某个孩子有一件玩具而他也想要时，文斯就会走上去推那个孩子并抢走玩具。如果某个孩子排队排在他前面，他就会走上前，挤进去，全然不顾这么做可能会给别人造成的伤害。就在某一天，文斯的行为达到了特别严重的程度。

我们正等待班上其他孩子穿好外套到外面去玩。文斯准备好了，直接走到队伍的前面，用两只手去推那个不幸排在最前面的孩子。他推得太用劲了，以至于最前面的孩子被推回来撞在排在他身后的三个孩子身上，那几个孩子都压在一起受伤了。文斯转身站起来，站在队伍的最前面。

我们跟文斯谈论他的行为时，他什么也没说。当我们把他请出队伍，让其他幼儿先出去的时候，他也没说什么。最后，我问他为什么要伤害别人。他的回答让我惊骇。我不是对他，而是对他的父母很震惊。

他说："我爸爸是黑帮老大，他教我这么做。我想要什么就拿什么，当我告诉他我伤害了别人时，他笑了，拥抱了我。"我感到浑身不舒服。这种情况促使我第一次接触了儿童保护机构。

做好帮助受虐儿童的准备

虐待儿童与幼儿教育是水火不相容的。我们所主张的、为之奋斗的、要推动的，就是避免让儿童受到虐待。它是我们的对手，我们的对立面，我们的头号敌人。你会发现自己要面对的是"大丑"。你需要用适当的工具来武装自己，以应付你的对手。你需要爱和怜悯的盾牌，钢一般的意志，铁一般的决心，以及超强的行动力。你说话和提问时要有智慧，说错话会使伤害增加，问错问题会削减法庭的行动能力。

我们的工作不是去调查。我们的工作是报告我们所了解的情况。我们无法决定是否对被指控的施虐者采取法律行动。我们只向国家儿童保护机构（CPS）报告。该机构的工作人员是经过培训的，知道什么时候该行动，什么时候不能采取行动。我们必须准确、细致、谨慎，不要过分夸大事实，也不要让我们的判断妨碍了事实。

当你怀疑孩子受虐待或受忽视时，保密是最重要的。有些机构甚至认为你不应该告诉托幼中心负责人或者你的主管，而是应该直接打电话给儿童保护机构。你应该了解你所在州及雇主的相关保密政策。如果你在这个行业工作，问题不是你是否可能会遇到受虐待的儿童，而是什么时候遇到的问题。

反思

以下内容摘自《幼儿照顾者：预防和应对儿童虐待》（美国卫生和公众服务部，1992年）提供的信息，这些我想让你们知道的信息是孩子们需要知道的内容。在需要准备说话之前，你自己先做好心理准备。相信我：你的心会激烈地跳动，你会质疑自己的耳朵所听到的东西，你会感受到以前认为不可能的情绪。愤怒是我感受到的情绪，这是以前没有经历过的。我把肾上腺素混合在一起，然后倒在一颗破碎的心上。当孩子的语言能力好到可以让其参与谈话时，他们也许能够回答有关他们所受的伤害或其他有虐待迹象的问题。照料者应该记住，孩子可能会受到伤害、痛苦、恐惧或忧虑。在讨论过程中，必须尽一切努力使孩子尽可能地保持舒适。

讨论的主要目的是收集足够的来自儿童的信息，以便向儿童保护机构提供一份有根据的报告。一旦收集了必要的信息，照料者就应该结束谈话。当从事早期儿童教育的专业人员与孩子交谈时，他（她）不会进行审问，也不会试图证明虐待或忽视虐待已经发生。

应该请那些孩子信任和尊敬的人，如照顾者、家庭托儿所举办者或是教师，跟孩子交谈。谈话应该在一个安静、私密、不具威胁性的、孩子也很熟悉的地方进行。在天气好的时候，在户外找一个宜人的地方也不错。

例如，老师也许会看到孩子独自在阅读角看书。她可以和孩子坐在一起，进行一次谈话，并在谈话的过程中设法引导他说出自己所受的伤害。教师可以这么跟孩子说："今天早上我注意到你胳膊上有新伤。你一定是受到伤害了才会有这块伤。你愿意跟我说说吗？"接下来，老师应该等一下，看看幼儿是否想讲瘀伤是怎么回事，还是把话题转到别的事情上去了。如果孩子改变话题了，老师在谈话中也应该跟着他转变话题，而不要强迫孩子谈论受伤害的事情。

当孩子们愿意讨论自己所受的伤害时，应该让他们放心地觉得自己并没有做错什么事情。受虐待的儿童常常觉得，或是被告知，因为他们把麻烦带到家里来了，所以受到虐待或受到忽视要怪他们自己。因而，向孩子们保证他们没有过错很重要。照顾者与孩子进行专业性谈话时必须非常谨慎，在跟孩子谈论是什么事情导致他们受伤害时，不要表现出任何言语或非言语的震惊或愤怒的迹象。

对幼儿的照顾者来说，使用孩子能理解的术语和语言是很重要的。如果孩子使用了一个不熟悉的术语（如身体的一部分的话），专业的照顾人员可以请孩子澄清或要求孩子指出是自己身体的哪一个部分。照顾者不应该取笑或纠正孩子的话，最好也使用同一个词让孩子放松，同时也避免混淆。如果孩子表现出与其年龄段不合适的性知识，照顾者可以用一种安静、低调的口吻问："你在哪里学的？"

你不应该要求孩子们一定要回答或说出细节，他们可能无法或不愿说。这样问可能是不合适的，例如，"如果有人打你了，你是不是会受伤？"如果孩子改变了自己曾经说过的话，照顾者只需听着并记下改变了的话。专业的照料者不应该问"为什么"的问题。有时，孩子的照料者刨根问底或给孩子提供术语或信息，实际上会给孩子带来更多的伤害。几起严重的儿童性虐待案件在法庭上被驳回，就是因为有人认为最初的采访者偏袒孩子。

如果孩子想给你看自己所受的伤，照顾者应该允许他们这样做。但是，如果孩子不愿意给你看，照顾者就不应该坚持，当然，更不应该强迫孩子脱掉衣服。

孩子披露事情之后，照顾者必须对其人身安全问题有敏感性。如果孩子回家并提及自己跟机构中的某个人交谈过自己受虐的事，他就有可能会受到进一步的虐待。如果幼儿的照顾者认为孩子处于危险之中，应立即联系儿童保护机构。儿童保护机构的支持可以为孩子提供保护。儿童保护机构的工作人员可能需要在机构中对孩子进行访谈。如果有必要的话，这个机构就应该提供一个私密的场所供他们面谈，并且整个访谈过程中孩子信任的看护人、教师或机构举办者应该在场。如果儿童保护机构的工作人员认为，有必要把孩子从托幼机构带走去进行医学检查，照顾者应该要求其提供一份书面声明。

第二部分： 做特别的自己

7 勇敢的艺术公主

美工桌旁，埃拉的眼泪喷涌而出。我经过艺术室时看到了埃拉那张悲伤的脸。"埃拉，什么事让你伤心？"我跪在她身旁问道。

"塔娜说我画的马不对。"我看了看她的蜡笔画。这是一种紫色的，有四条长长的腿和粉红色鬃毛的动物。马的眼睛里有黑点，带着微笑。在画面的底部有红色和黄色的花，它的底色是绿色。

"它是紫色的。她说这是不对的，因为马应该是棕色的。"埃拉被同伴的话羞辱和伤害了。塔娜继续在她那"正确"的棕色的马周围画上蔚蓝的天空。她坐得很高，并且知道自己是对的，在她的世界里所有的马都是棕色的。

"埃拉，这是艺术。艺术是没有对错的。"我直视着她的眼睛说。"你是一个勇敢的人，敢于画一匹紫色的马。大多数人只会按照自己看到的马的颜色去画马，而你却画了一匹我从未见过的马。你让我看到了新的、与众不同的马。这真的很难做到，需要很大的勇气。你是我的艺术英雄，一个勇敢的、美丽的艺术公主。"

我希望下一次我能向你展示她所画的画。这是一位紫色的公主，一位勇敢的、坚强的、紫色的艺术公主。而塔娜呢？她画了一匹粉红色的马。

让儿童成为独特的人

埃拉的事件是相当有启示的。艺术没有对错之分。艺术家无论做什么都是对的。有时候，我很想知道这些东西来自哪里。我知道埃拉是个"独特"的人，她看待世界的方式不同于同伴。很荣幸，我能在有生之年遇到几个独特的人。他们会以我之前从未想过的方式去看待事物。他们拥有一个不寻常，却能揭示真理的视角。

我曾经给一个五岁的孩子做过标准化的测试，其中一个任务是在气球的下面画一条线。大多数五岁孩子画的线就像一根绳子，一种他们最熟悉的景象。比较少见的是，有一个孩子在气球下面的纸上画线，这是手册中未给出的正确反应。这孩子把纸翻过来，在纸上画了一条线，这样当他把纸翻过来的时候，所画的线正好在气球下面。他有一个不同寻常的视角，发现了一个意想不到的事实。他的解决方案也许比其他人的更"正确"。

埃拉真的很独特。她对音乐有独到的天赋。她能感受到音乐的流动，并能用身体以一种完全纯净的形式将音乐表现出来。她不是看了很多的 MTV 之后去模仿里面的动作。我见过小孩子在模仿一点也不适合他们的成年人的动作。（哎呀，我的年龄暴露了！）不管怎样，重点是埃拉创造了她自己的动作。这些动作很好看！有些时候，她的手臂轻盈地飘动就像一只蝴蝶。有时，当音乐加快时，她仿佛在模仿一只胖胖的大黄蜂。

但这始终是埃拉自己的动作，纯粹、不羁而且迷人。

如果她的父母送她去上舞蹈课那会怎样呢？我担心这会破坏她舞蹈的自然美。然而，这一天还是到来了，他们告诉我埃拉开始上舞蹈课了，我表面上在笑，而我的内心却在哭。舞蹈课可能会阻碍甚至消除她的自我表现。他们会教她用"正确"的方式跳舞，所有其他的方式都会变成是错误的。她的方法可能是错误的；她也会被误导。最本质的事情是她幼小的心灵将被灌输"对""错"的标签。

第一次舞蹈课之后的那天早晨，埃拉向我展示了舞蹈课上老师教的舞步。在她跳出像蝴蝶般流畅的动作前，她作了一个简单的演讲。或许还有希望。

两天后的晚上是舞蹈课。妈妈带着埃拉上舞蹈课要穿的服装来到学校，并请我在下午 4 点 45 分让埃拉能到舞蹈课教室。上课时间是 5 点，妈妈对是否能准时赶到那里感到紧张。迟到是不行的。但在四点半时，我觉得我们还有充足的时间赶到那里时，埃拉却说不去。一开始她只是随口说了一声不去，后来是很大声地宣告"不去！"她一直很抗拒，直到 4 点 45 分。然后，她向她妈妈表示反抗。妈妈让步了，允许埃拉不穿紧身衣，只穿紧身裤。我不记得埃拉妈妈曾经什么时候做过让步。

第二天早晨，妈妈把她受到羞辱的故事讲给我们听。埃拉完全是故意不听老师上课，而去做她自己的事情。其他孩子看着埃拉，觉得她所做的事情更有趣。他们也加入到她的活动中去。我的天哪！妈妈真是慌掉了。这堂课完全被埃拉搞砸了，其他孩子的妈妈们都很愤怒。教练说，如果埃拉不遵守指令，她就不能在那里上课了。埃拉妈妈问我的第一个问题是，埃拉在我的班上是否能遵守指令。埃拉当然是遵守指令的，我用事实安慰她的妈妈。

我不知道埃拉是否需要对自己的自我表现力有很强的胜任感，这样才愿意去学习其他的表达方式。也许她的天赋是如此独特，以至于意识到如果自己在这么小的时候接受正式训练，她就会失去内心深处的东西。我认为埃拉是一个"独特的人"，而且比任何一个受过训练的舞蹈演员都要漂亮。

四岁的孩子就要去做一个独特的人是难能可贵的。我们整天都在教孩子们做事情。我们教他们如何系鞋带，如何刷牙，以及如何在吃饭时不露牙齿。他们在很小的时候就知道，做事有正确的方法和错误的方法之分。这可能使他们失去了成为独特的人的自由。如果我们教他们，跳舞只有一种方法，或者用正确的方式给马涂色，我们就在把我们的限制强加给另一个人。是的，绘画是有一些规则。例如，如果你画笔上的颜料不及时洗掉，下次用的时候就不方便了。我喜欢给孩子们做出的另一个限制是，如果你在墙上画画，把墙洗干净了，你画的画也就毁掉了，但你可以随意地把任何东西放在你喜欢的纸上。你可以要求一张大一点的纸，甚至有墙壁那么大，看看我能在上面做什么。但在墙上，进行艺术活动的效果不太好。有时我们需要遵守规则。规则通常是为了确保安全和秩序。例如，我不希望任何在我旁边开车的司机成为独特的人。规则为我们提供准则，让我们积极地在社区中生存。

然而，有些课堂规则可能只是为了方便，可能不是必要的。我发现自己一直在挑战的一条规则，就是我所说的"不要把它带到这里"的规则。这条规则规定，积木要放在积木区，书籍要放在阅读区。这条规则确实使房间很整齐，但它限制了创造力。把积木带到厨房区去做做鸡汤面条有什么害处吗？是的，孩子们会到处乱丢东西。是的，你会花更多的时间去整理。但如果你教孩子学会承担责任，包括整理自己玩过的乱七八糟的玩具，他们的收获会更大。在符合安全准则的情况下，孩子们想象的自由应该得到尊重。

我们要创造机会让孩子们自由地表达自己的个性和独特性。否则，二十年后就不会有艺术或美丽的舞蹈，只有整齐划一的"鸭子们"在排队行进。

我培养了一个"独特的人"，我家的老二利维。他 2 岁的时候，有一天我们正把食品和杂货从车上搬下来，突然他的脚调转方向。"滑滑梯，妈妈，我想滑。"他指着有房子的山坡说。但在我住的房子周围我没有看到任何滑滑梯。他坚持这么说，还一再用手指着山坡。我把食品杂货放进车里，让他做给我看。

"就在那儿。"他用很大的动作幅度指方向。

"我没看见，利维。你看起来好像是在指一条路。"

"嗯，滑滑梯，妈妈，汽车滑梯。"的的确确！这条路笔直地延伸到山的中央，就像一条笔直的斜坡。当然，我们好多次开车从"滑梯"上下来，大喊一声"哇！"他长大后，继续给我们带来独特的视角。

"勇敢的艺术公主画画"事件之后，我开始让班上的孩子们都能随手拿到各种艺术材料。我希望他们能够自由地以任何方式来表达自己，并尽可能多地给他们提供各种选择。我向孩子们宣称，所有的艺术都是正确的。我只给他们作一些如何保管这些材料的说明，但我让他们自由掌握。只要处理得当，他们可以使用任何自己想要的东西。令人难以置信的结果发生了。孩子们创作了让我意想不到的杰作。有些作品只是纯粹表达色彩；有些作品很像现实生活中的物品。有些孩子在艺术桌上能待很长时间，有的孩子只能待一小会儿。他们花了几个月的时间在发展技能和练习，但之后他们开始成为真正有表现力的艺术家。

我们甚至准备举办一次艺术展。其中一个学生决定要做一件真正完美的作品。于是，我们想出了如下制作一件优秀作品的操作指南。

1. 用许多草图将可能的想法画出来。（他画了十个不同的构想。）

2. 从这些草图中选择一件要做的作品。

3. 决定你要使用的媒介或介质。

4. 进行第一次尝试。

5. 分析你所喜欢的和想改变的部分，然后再做一次。

6. 再分析，完成最终的作品。

我们拍了他创作时的照片，保存了所有的初步制作的作品，然后把它放在艺术展览中。我们从一进入房间就开始展示他的作品，并按照它的发展顺序来展示他的作品。他的父母前来参观的时候，他骄傲地站着，向任何一个愿意甚至不愿意倾听的人解释这幅作品的整个创作过程。

我们所有人都必须遵守某些社会规则。我们选择遵守一定的道德准则。但是在符合社会和道德准则范围内的独特性和个性应该允许其自由地存在。

作为成年人，我们常常受制于同辈的压力或害怕被排挤。我不能像埃拉那样站起来跳舞，即使我的动作很优美。像那样跳舞会显得出格和古怪。作为一个成年人，我受社会期望的限制，很难自由地表达自己的观点和才能。正是这种独特性使艺术变得美丽。正是这种独特性使舞蹈变得美丽。在成年人身上，正是对独特性的恐惧限制了我们的表达。那些克服恐惧的人，或是那些从未被限制过的孩子，往往为我们创造了伟大的作品让我们这些人欣赏。

反思

在艺术公主这个故事中，发生了一个悲剧。埃拉因表达真实的自我而被贬低。她不仅觉得自己的艺术是错误的，而且认为自己整个人也是错的。如果她表达自己是错误的，那么她只能得出结论——自己的存在就是个错误。埃拉事件的本质，实际上，是她的精神受到了攻击。我意识到保护班里的孩子，其实还包括保护他们的个性。我是他们的自由保护者，理所当然要捍卫他们的权利。

我觉得每个人，年轻的和年老的，都可以扩展我的观点。他们可以教我一些东西，还可以帮助我理解一些以前我不懂的。他们可以拓宽我的视野。

一般来说，作为成年人，我们知道所有应该如何去表现的方式。我们已经掌握了融入社会的艺术。孩子们需要学习让我们和谐地生活（让大部分人）的社会规则。但冒着失去个性的风险去遵守规则，是不能让人接受的。正如我们欣赏文化差异一样，我们需要了解个体差异。

你的教室里什么地方要限制？是为了安全或学习的需要而做出限制吗？我们什么时候要限制孩子？对一次允许多少孩子在洗手池洗手进行限制是可以的，因为这是一个安全问题。但是我们是否对孩子们的游戏和表达的自由进行限制呢？有时我们根据孩子的体能而限制游戏，这对他们的安全是必要的。但是如果我们自己为了方便而限制游戏，我们就会阻碍他们的成长和教育。

推荐阅读书目

Althouse, Rosemary, Margaret H. Johnson, and Sharon T. Mitchell. 2003. The colors of learning: Integrating the visual arts into the early childhood curriculum. New York: Teachers College Press; Washington, DC: National Association for the Education of Young Children.

Pelo, Ann. 2007. The language of art: Inquiry-based studio practices in early childhood settings. Saint Paul: Redleaf Press.

8 博建立的超级有组织的系统

星期五早上,所有装有"我的一周目标"的小盒子都被检查过了,除了那只装有博的一周个人目标的箱子。它就在那里,盯着我的脸:"本周博将用一种新的方式完成一项例行的任务。"博被卡在例行常规之中。一切都必须像前一天一样,否则他就会不安,没有安全感。他的反应严重到削弱了他尝试新事物的能力。对他来说,所有的事情都必须是一样的,用以前一样的方法去做,否则都是不正确的。我必须找到一种方法能帮助博接受变化和新的想法。

这天早晨一切照常进行,时间已经过去一半了,而我改变博的目标还没有实现。大多数孩子都在收拾玩具和设备,准备吃午饭。博像往常一样去整理积木。他喜欢把积木放在一个超级有组织的、由他自己所建立的系统中。这是我的机会。我急忙进来帮助他。我把所有的积木都胡乱地放到架子上。

"辛迪莉老师(我永远记得他叫我名字的方式),它们不是那样摆的。"

"没事的,博,今天用我的方式来试试怎么样?"

"不,它不是这样的。他们都是一排一排地排起来的。"博特意解释道。

"哦,为什么一定要这样呢?我喜欢把它们排成这样;不同的人做事情的方式不同,这是可以的。今天我认为我们应该把这些积木都乱乱地堆起来。"接下来,我又花了几分钟和他讨论这个话题。我解释说,每个人都有一种独特的做事方式。有时它与我们习惯的方式不同,以不同的方式做事和尝试新事物是件好事。

博更坚定地重申道:"不,积木必须以正确方式摆放在架子上!"博的脸越来越红了。其他孩子们已经结束整理,并开始集合了。

"我认为我们应该把所有大的积木放在底部,"托丽建议道。于是,我把积木都拖到地板上堆成一堆,请她摆给我看。博开始浑身冒冷汗。他比大多数成年人更耐心地练习着。然而,当每个孩子轮流排列积木时,他总是说这是不对的。现在是午餐时间,于是我们按最后一个孩子排列的方式把积木放在那里。博走到洗手区,垂着肩,低着头,拖着脚,痛苦而缓慢地向前走。

我是不是走得太远了?我一直希望孩子们有灵活性和包容性。现在,我拥有的是一个被打败了的小男孩。我是不是推得太用力了?我是不是把他的小心脏打碎了?我是否以牺牲孩子为代价,来核查我清单中的目标是否达到?

午餐的番茄汤和烤奶酪三明治送来了,我们俩都很消沉。饼干是单独包装的,托班的老师鄙视任何单独包装的东西,但我班上大一些的学龄前儿童差不多都可以自己打开。

然后,故事发生了。博抬头看了看说:"打开饼干的方法有十二种。你可以用你的手指打开;你可以用你的牙齿打开;你可以自己打开;你可以和朋友一起打开。"

全班幼儿开始加入其中，我抓了一支笔来记录。

"你可以把它们放在高处打开。"

"你可以把它们放在低处打开"

"你可以很快或很慢地打开它们。"

"你可以先把饼干碾碎。"

"你可以最后把它们碾碎。"

"你可以用一只手把它们打开。"

"你可以用两只手把它们打开。"

"你可以用三只手，但是四只手不太好用。"

博给我们创作了一首诗，"也许还有更多的方式，但我只想到了十二种。今天尝试用不同的方法很好呀！"博笑了，我也释然了。

午饭后，我开始巡查，确保每个孩子都在休息。当我走到最后一个拐角，经过摆放积木的玩具架时，我忍不住笑出声音来了。果然，那些积木又回到了博所建立的超级有组织的系统中。

发现并尊重每个孩子的才能

每个孩子都有独特的个性、才能和偏好。这些天赋和才能需要被欣赏和接受。我想象着今天的博正在某个地方组织一个大型商务交易。他小时候就有组织的天赋。他的外套总是挂得笔直。他总是把要交给他父母的文件整齐地排列好。当我需要有人帮忙收拾或整理教室时，他就是我的最佳人选。但是以牺牲可接受性和灵活性为代价的组织能力，有可能会使他的视野变狭窄。三岁的他还太小了，还无法去消除生活中的可能性。

有些孩子是天生的领袖，有些是天生的艺术家。我遇见过一位 3 岁的科学家，他甚至能注意到一株正在生长的植物最细微的变化。我欣赏过幼儿园的作曲家和歌唱家的音乐。每个孩子都有不同的能力和才能。如果你注意观察，你会看到他们的天赋。你可以从花几个小时去构建、组织或在交谈的孩子身上，看到这种天赋。你可以在那些思想至今还无法用语言来表达的思想家身上，看到这种天赋。

有些孩子有强烈的同情心，他们要确保周围的每个人都好。助人的孩子在帮助别人时会有很大的成就感。有些孩子在生活中充满激情。他们通常被称为戏剧女王或戏剧国王，他们对事物的感知非常深刻。公正的孩子希望公平地对待一切。对他们来说，生活不是黑的就是白的，灰色是无法忍受的。我已经讨论过那些能带给我们美丽事物的独特的人。

我遇到过一个喜欢跑步的孩子。他只是为了跑步而跑步。事实上，如果不给他足够的跑步机会，他就会哭。其实他自己也不知道为什么。但是，如果我把他带到外面去，让他绕圈跑 15 分钟，他的眼泪就不见了，他就能再次与人互动和集中注意力。他对跑步的需求是那么的强烈，已经影响到自己的情绪了。

你能想象在一个班级中，每个孩子都有机会去做他擅长的事情吗？有领导才能的可以领导，喜欢助人者可以帮助别人。心肠软的人可以帮助那些受伤的人，擅长跑步的人可以在户外时间引领风骚。做他们喜欢做的事，做他们擅长的事情，那样的话孩子们该有多么快乐！我知道当自己在做喜欢的事情时，会感到非常的圆满。

我们可以给孩子提供发挥个人天赋和能力的机会。我们可以教"领导人"去领导，给"艺术家"提供更多的创作材料去试验，给"科学家"更多探索的机会。所有的孩子都需要平等地去接触这些领域，但当我们发现一个孩子的天赋时，我们应该给他充分的机会去完全地发展这种能力。

天赋往往无法被其拥有者所发现。这是因为天赋非常自然，是人自身的一部分，以至于拥有者不会视其为特殊，还以为每个人都是这样的。我从来不知道我有从事幼教工作的天赋，直到有人向我指出来。

有一次，我带着自己的孩子去公园玩。他们的年龄在三到七岁之间。他们在那里做自己喜欢的事。莫尼卡在荡秋千，杰森抱着一个球，利维在后面追它。公园里大概有十个左右的孩子和我们在一起玩。我不知道他们的父母在哪里。这是一个安全的邻里公园，有一两个父母坐在旁边，但我是唯一一个和孩子们互动的成年人。很快，我成了足球比赛的组织者。他们打比赛，我保证所有的规则都是完整的，所有的球员都很安全和开心。当踢球者踢出一个漂亮的球时，我会发出欢呼声；当他们比赛时，我在一旁加油；当他们的球没有踢进去时，我鼓励他们。我们一直玩到天黑了，再踢球就不安全了的时候。当我说我们结束了时，他们有点抱怨，恳求我明天再来。

其中有一位旁观的家长走过来对我说："你知道你对孩子们很好吗？不是每个人都能做到你所做的。"一开始，我觉得这是一件很奇怪的事情。当然，任何人都可给一场足球比赛当裁判。她所说的并不是这个。他是指我为孩子欢呼，并鼓励他们，我了解孩子及他们的需要。最重要的是，我喜欢跟孩子们在一起！我有一种我没有意识到的天赋。这对我来说太容易了，我只是做我自己。有人（我甚至不知道她的名字）向我指出我有才能，一种不是每个人都有的能力，而且她很欣赏这一点。对我来说，这是一种催化剂，它改变了我整个人生。就在那时，我决定把儿童早期教育作为一种职业。

在与孩子们相处的每一刻、每一天和每一年中，我们有责任去尊重我们所引导和教育的每个人的个性。我们可以帮助孩子及其父母去发现每个孩子的天赋和能力。我们可以给他们提供机会，让他们在这些领域得到发展。好多次，我告诉孩子们他们很有天赋，他们的反应也各不相同。我记得曾告诉一个男孩，他对细节很有想法。他问我那是什么，我告诉他，他脑子里所有的琐事和知识都很特别，这些东西不是每个人都能记得的。

他说："就像我记得成年人的头的重量约十磅，一磅的蛋糕并不真的重达一磅。"

我点了点头说："并不是所有的人都能像你那样记住这些细节。"

他只是说了声"啊？"就走开了。但是，当他的父亲来接他时，男孩问他是否知道成年人的人头有多重。他爸爸摇了摇头，孩子只是笑了笑。"十磅，爸爸，十磅。"

反思

博的反应吓了我一跳。我想也许是我逼他逼得太紧了。我们共同度过了一个低潮期。谢天谢地，他开始从一个新的视角看问题了，让我感到欣慰的是，我没有对他的情绪健康和自尊造成伤害。事情本来可能会朝那个方向发展。我本来可能会让他觉得，因为他摆放这些积木摆得不对，因此他作为一个人，也是不对的。然而，他把所有的积木又重新放回到他喜欢的位置，这个事实让我觉得他会没事的。

作为老师，有时你想知道自己是否做错了什么——对孩子们的反应方式是否伤害了他们的情感，或是否对父母说错话时。事实上，在你职业生涯的某个时刻，这些事情就会发生。我们并不完美。伴随着我们花精力去帮助孩子们成长、学习和成熟，我们自己也在成长、学习和成熟。和博一起，我也获得了成功。但我有很多这样的故事，结局并不美好。有时，我制造了一个烂摊子，我必须对此负责任并摆平它。

在我上大学的时候，我跟你讲的是很久以前的事了，当时法兰绒板故事被认为是一种先进的教学实践。然而，我却是法兰绒板的受害者。我尝试过，但它毫无意义。这似乎很愚蠢，我知道，但是我不能讲一个合适的法兰绒板故事来拯救我的人生。尽管如此，我有补救的办法：给我一个木偶，我可以教整个世界。

你的天赋是什么？记住，它们对你来说可能看上去不是很特别，因为使用这种天赋似乎很容易。

你认为孩子们在那么小的时候就会表现出他们终身的才能吗？这有关系吗？我不认为告诉孩子擅长某件事情是有伤害的，只要它是真的。

你能说出多少天赋或能力的名字呢？我会让你开始的：

温厚的	科学的（有系统的）
富有同情心	注重细节的
有艺术才能的	戏剧性的
支持的	精确的
有创意的	善于分析的
热情的	行动敏捷的
领导人	善解人意的
乐于助人的	培育

请你继续添加这个清单。你遇见的孩子越多，你的清单就将越长。

在博的故事开头的部分，我提到过每周目标图。这张图表包含了我为每个孩子设定的每周目标，这将有助于发展孩子有天赋的领域。一些例子是教一个领导者有更好的沟通技巧或更礼貌的领导方式，或者让一个更安静的孩子有机会在一个安全的环境中表达想法，在这个安全的环境中他不用害怕被羞辱或嘲笑。我给父母写纸条，让他们知道自己孩子的目标是什么。当目标达成时，我会帮他们在日记中记录下来。这也有助于建立父母对孩子才能的欣赏。

在附录 B 中，你可以找到这些工具的复印件。我将个人目标图当作检核表，以确保自己关注每一个目标。我还在课程计划上做标记，将我脑海中已经计划了哪些活动或时间安排标识出来。我为父母填写一张个人目标表。你会看到底部的三分之一被标记为"备注"。在这里，我写了一些关于活动是如何进行的笔记。让孩子将这张带着笔记的表格，连同下周的新目标表带回家给父母。这有助于我们所有人看到我们正在取得的进步。

推荐阅读书目

Burt, Sandra, and Linda Perlis. 2007. Raising a successful child: Discover and nurture your child's talents. Berkeley: Ulysses Press.

9 变相的领导者

艾比是一个 5 岁的小女孩,她声音响亮,长得圆乎乎的,有一头红褐色的头发。她似乎天生不会调节音量,找寻"内心的声音"只是意味着更多的人能听到她的声音。今天,椅子被排成了一排,被那些摇头晃脑唱歌的孩子们占用了,"公交车的轮子转啊转……"艾比正在开车。

"停下!"她说。她说话的声音比十个人说话的声音还大,这太让人吃惊了。

"你在这里下车",她一边命令一边用手指着一名乘客。

"我不想下去",他恳求道。

"你就在这里下车了",她重复了一遍,等着他下车。他漫无目的地走下车,感到难过和受到了排挤。他的三个好朋友也要跟着下车。

"你们不要在这里下车","司机"抗议道。他们不理她,所以她用更大的声音重复命令。其余的乘客知道接下来会发生什么,纷纷离开了,希望自己在艾比陷入不可避免的崩溃时离她远一点。

我决定在她的声音还在分贝标度可读范围内时，介入进去。但等我走进房间时，发现为时已晚。艾比正在尖叫。她的脸涨得红红的，眉毛皱得紧紧地。她的声音是令人毛骨悚然的，我的汗毛都竖起来了，耳膜都要被震碎了。我确信她的声音中夹杂着一些话，但我却一句也听不出来。

我把手轻轻地放在她的肩上，对她说："艾比，出什么问题了？我能帮助你什么吗？"

她气喘吁吁地用夸张的语调，将我刚刚看到的游戏场景复述了一遍。但接着，她说了些新的事情："他们必须按我说的去做。我需要他们去做我所说的事情。"

这是一个新的想法。我以前从未见过这样的情况。她需要他们照她说的做。这不仅仅是她的愿望。她不只是喜欢发号施令，她有一个要别人做她所说的事情的需求。

"艾比，你是一个领导人，领导人需要有人来追随。你需要你的朋友按照你的指示去做。"她的眼睛因胜利而发亮，因为她认为我会让所有的"乘客"都回来坐公共汽车。接着，我继续说："但是艾比，你的话是不礼貌的，有点专横。人们不喜欢跟随一个专横跋扈的人。他们喜欢玩你的公共汽车游戏，但有时你需要由他们决定想做什么。"她看起来好像开始有点明白了。

"我要玩汽车。你可以做司机，我们可以练习说好听的话，不说专横的话。"我们练习了好几次。其他孩子也加入进来。他们也学我的样子。如果他们不喜欢艾比跟他们讲话的语气，他们会礼貌地说："我想和你一起玩。你能说得好听一点吗？"如果艾比不知道该说什么，我就给她举例子。

第一天艾比就需要进行大量的练习，在接下来的日子里我们练习得更多。慢慢地，这变成了她的习惯。艾比正在成为一个了不起的领袖。

以积极的方式接受每个儿童的特质

让艾比的父母教她如何成为一名领导者是件容易的事情，他们也希望她不要那么大声说话。得知我将他们的女儿视为一个有才能的人，而不是一个吵闹、专横、被宠坏的孩子时，他们大大地松了一口气。基于她身上的这些特征，我们接受艾比当领导，我们为她的未来打开了许多扇门。如果我们为她制订了惩罚其专横行为的计划，她就会责备自己，指责自己的真正能力。她最终会因自己变得如此强势而受到羞辱。

说话很固执的孩子有做决定的天赋。看上去专横跋扈的孩子可能是未经训练的领导者。一个平常安静的孩子，有一天突然有了伟大的思想。而这个超有组织能力的孩子，有一天能组织大事。因为这些特质看上去是消极的行为，我们就痛恨它们，我们可能会阻碍孩子去发现自己的天赋。并非所有的反社会行为都是有天赋的预示，但我们需要对这种可能性保持开放的态度。就像婴儿一开始学吃饭时总是会弄得乱七八糟，天赋一开始也是有点让人不愉快的。

你还记得自己不能做选择的时候吗？也许这是一个艺术项目，不管你喜不喜欢你都得去做。记得我读高中时，曾很纠结于要完成几篇写作任务。没有好的理由写作，就好像是在浪费时间。不管情况如何，我敢打赌那些回忆不是温暖而模糊的，通常是怀有怨恨甚至是愤怒的。我认为，我们应该鼓励孩子们去尝试新事物。但是作为一名教师，你掌握着很大的权力，利用这种权力坚持让孩子们参加不是由他们选择的活动，是不会有积极的结果的。为每一个独特的孩子提供适合他个性的学习活动，是一个挑战，但我们应该去满足这个需要。

反思

艾比是在给我传递"我需要你的帮助"的信息。她也给了我一份礼物：一种以全新的视角看待孩子的方式。我不再把反社会的行为视为需要纠正的问题，而是将之视为一个去了解"真正的问题是什么？"以及"教导孩子改进自己的问题"的机会。艾比要做领导的需要不仅仅是一个需求，甚至不仅仅是一个愿望，这是她生活中的一个核心需求。这是她本质的一部分，在某种程度上，就像其对食物的需要一样。假如我们不承认她当领导的需要，虽然她的身体不会遭受痛苦，但如果生命没有得到适合的生长环境，它最终会枯萎消逝。

我们要学会去识别不分年龄的人的才能，需要一定的实践。有时候，天赋隐藏在内心深处。但是一般说来，寻找天赋会使你对他人有新的认识。我们每个人不可能都是一样的。我们不可能都成为投手，要打一场棒球，我们还需要外野手、一垒手。在生活中，我们需要每个人都充分发挥自己的才能。

观察一下你的教室里，寻找那个隐藏着的、有发号施令倾向的"领导人"。我打赌如果你还不知道她是谁，你会很快找到她的。我打赌你能看到组织者和艺术家。让他们学习，并让他们的天赋茁壮成长，帮助他们打磨粗糙的边缘。

寻找天赋

1. 在平常的一天中，指定一个时间专门用于发展每个孩子的天赋和智力。每周至少为一个孩子安排一次机会，这取决于他们每天和你在一起的时间和你班里的孩子的数量。例如，让艾比领导一个小组的游戏时间，让她学习如何友好地发布指示。请曼纽尔创作一件要在门厅展示的艺术作品。

2. 不要忘记自己。计划好你的一天，这样你就有了发展自己的天赋和能力的机会。你会发现你更喜欢每一天，如果你在做计划的时候把自己也考虑进去的话，你的工作会更有效率。

3. 邀请一位拥有你所不具备的才能的老师参与到你的班上来，以满足你很难让孩子们满足的需求。例如，我想请一位老师给孩子们讲法兰绒板的故事，这将为我的班级增添一个我无法提供的区域。

推荐阅读书目

Hyson, Marilou. 2008. Enthusiastic and engaged learners: Approaches to learning in the early childhood classroom. New York: Teachers College Press.

10 新鞋子

艾希莉得到了一双新鞋。她一走进教室就展示给我看。

"你喜欢我的新鞋吗？"她滑到一旁停下来。

"哇，你穿了新鞋，玩得很开心吧！"我向她打招呼道。

接着，我观察到她向每一个进入教室的人重复问同样的问题。当凯特和她的妈妈走进来的时候，她也问了她们。她们做出了正常的应答："我喜欢你的新鞋"或者"这是一双很棒的新鞋"。她自豪地笑着。

她问一群在建构区玩的男孩们："你喜欢我的新鞋吗？"他们就像在建筑工地的工人一样回应道："是的。"她昂着高高的头走了。

她再次接近我说："你喜欢我的新鞋吗？"这个问题很奇怪，我想多观察一下，看看到底会发生什么。

"我可以告诉你，我真的喜欢你的新鞋。"我再次避免直接回答她的问题。就在这时，园长助理艾米进来了。"你喜欢我的新鞋吗？"艾希莉询问道。

"当然"，艾米肯定地说。

更多的孩子到校了，每次艾希莉都会问他们同样的问题，并听到同样的答案。我看到，当得到大家都很喜欢她的新鞋的回答时，她都很高兴。

她又一次胆怯地问我："你喜欢我的鞋子吗？"

她到底想问我什么，为什么每个人认可并喜欢她的新鞋对她来说是如此重要？难道她已经把个人接纳和自我价值与她的新鞋联系起来了吗？她是一个非常引人注目的小女孩，有一头带着金色条纹的深棕色卷发，一双明亮的绿眼睛，让你忍不住要多看她两眼。她穿时装店买来的衣服，总是很在意自己的外表。其他孩子的父母经常评论她有多漂亮。在一群孩子中，你不得不去注意她。想想那么小的孩子都需要从别人对她新鞋的认可，来确认同伴喜欢她，这是件多么可怕的事情。

"你为什么还要问我？"我直视着她的眼睛问道。

"因为……你喜欢我的鞋吗？"她一边说，一边低着头看地板，生怕我会说不。

"艾希莉，我喜欢你。我很喜欢你，但不是因为你的鞋子。我喜欢你每天灿烂的微笑，我喜欢你把班上的小朋友都当作是好朋友的方式。我喜欢你一向彬彬有礼的样子，我喜欢你那温柔的心。这些跟你穿什么鞋没有关系。"

她仍然盯着自己的鞋子，坐立不安，她对我的回答不满意。

于是，小组活动时间我把所有人都叫到一起。我们坐成一个圆圈。我要求每个孩子大声地说出自己的名字。我们绕着圆圈转，喊出自己的名字。我们的名字就是在向别人宣告"我们是谁"。接着，我绕着圆圈发表对每个孩子的看法：杰罗德是一个伟大的思想家；凯特很有同情心；艾琳是一位独特的艺术家；艾希莉有一颗温柔的心。我继续说，直到每个孩子都被说到了。我让孩子们脱下鞋子，把它们扔到圆圈的中心。我问他们一切是否有改变。杰罗德仍然是一个伟大的思想家吗？凯特还富有同情心吗？他们一开始都嘲笑这个愚蠢的问题。当轮到艾希莉的时候，我问她："艾希莉，你还有温柔的心吗？"

"是的，"她轻轻地说道。

"艾希莉，我喜欢你有颗温柔的心。"

在完成关于"我们到底是谁"的练习之后，我再次和艾希莉交谈。"艾希莉，新鞋很好玩。我得到一双新鞋我也会喜欢。但我不是因为鞋子而交到朋友，我有一双新鞋子也不会改变我的身份。真正重要的是你所做的选择，你喜欢什么，你们是哪一种朋友，以及你决定成为什么样的人。"她点了点头。我们拥抱了一下，她就出去玩了，偶尔她还会对着新鞋微笑。

我不能确定她是否能明白我说的话，直到她的妈妈来接她。当妈妈走到门口时，艾希莉的脸上洋溢着兴奋。她跑过来扑进她的怀里说："今天我有了一颗新的温柔的心！"她给了妈妈一个拥抱。

"是的，你是有一颗温柔的心。"妈妈也拥抱着她。

赞美那些真正重要的事情

我们的文化告诉我们，你穿什么就是在给"你是谁"下定义，至少是反映了"你是谁"。这令我难过不已。对那些买不起好衣服穿的人来说，难道就不能反映自己的身份了吗？我不希望孩子的自我价值感是基于"我怎么看待他们的鞋子"的。我不想让他们基于"我对他们新外套的赞许"来定义我们的关系。

我们希望认可孩子们，让他们有良好的自我感觉，而外表是我们首先看到的东西。只注意外表是一个很难改掉的坏习惯。我们告诉孩子们，喜欢他们穿的衣服。我们注意那些可爱的小女孩或勇敢的小男孩，要认识到新鞋里或昂贵牛仔裤里住着一位什么样的孩子，需要与孩子建立一种更深的关系。

仅仅根据成就来认可孩子，同样也是危险的。那些从自己的表现中获得自我价值的孩子，以后会成为工作狂。他们只有在完成大事情时才会觉得有价值。

在他们所能完成的事情中，家庭或社区的价值会被放在第二位。他们不惜一切代价地发奋努力。人的价值应该基于他们是谁、他们的个性、他们的喜好，以及他们的才能。作为一个人，仅仅凭着"你是谁"就有足够的价值去赢得别人的欣赏和尊重。

我并不是说我们不应该承认美丽，同样我们也不应该忽视成就。承认并欣赏这些东西是很重要的。我想说的是，不要把这些东西视为自我认同的基石。花点时间更深层次地去了解一个人。下面的故事讲的是我自己如何因获得别人深层次的认可而受益的。

店员说今天早上我看上去气色很好。我暂时很享受这种赞美，但这很快就被将要去做的工作所取代，其中包括我丈夫打来的电话，邀请我一起吃午餐。有时我和我的丈夫能很幸运共进午饭。今天是其中一个幸运的日子。我们在我最喜欢的餐馆吃饭。那里的灯光隐藏了那些随着年龄增长而在我的脸上出现的面部瑕疵。

我正在给一个蹒跚学步的孩子讲一个早晨的冒险故事，突然我注意到我丈夫正带着傻乎乎的笑容盯着我看。我在想是不是我的鼻子上有沙拉还是有其他东西，他只是在尽力克制自己不笑。相反，当我说到孩子的时候，他对我眼中闪烁的光芒进行了评论。他说他喜欢我爱孩子的方式。这让他微笑，并记住生活中有趣的事情。这件事情对我来说意义很大。我一整天都在重复他的话语，在心里微笑。

这里有两种赞美，虽然都很好，但它们是有差异的。第一个赞美是一个熟人观察之后说的。它是一种好意，我很感激，但我很快就忘记了。另一个赞美是强大的，永远不会被遗忘。它们两者有什么区别呢？很简单，是关系。

杂货店的店员和我是熟人，我们偶尔会见面，这足以让她知道我并不总是看起来很漂亮。她可能见过我穿着汗衫和网球鞋，把头发抓起来用发夹夹住的样子。我们的关系是肤浅的，只知道对方的名字，因为我们在姓名标签和银行卡上看到过对方的名字。谢天谢地，我和我的丈夫有更深层次的关系。我知道他的名字背后的故事，他知道永远不要用名字来称呼我。他看到的是真实的我，他了解更深层次的我。他看到过最坏的我和最好的我，但他最欣赏的是我的个性，我的信仰体系，以及我的价值观。他知道我有跟孩子打交道的天赋，我发自内心地爱孩子。他欣赏我，喜欢我。

在我们的社会中，有一种普遍的做法就是认可聪明的、新的和美丽的事物。但由此带来的危险也是实实在在的。它带给孩子们一个价值体系，即强化这样的观念：美丽和富有的人比不拥有这些东西的人要好。孩子们开始认为，新的鞋子很重要，比他们作为人、他们做出的选择、以及使用自己的才能更重要。

物质主义已经成为评判我们自己、我们的社会和我们的世界的基础。我知道它无处不在，在媒体等所有的地方无孔不入。但是我们有机会去打破这个循环，把价值观植入人们的观念中。每次改变一个孩子，就能改变美国的文化。

反思

当孩子们问"你喜欢我的……？"时，这个问题总是困扰着我。他们问我是否喜欢他们的艺术，或者问我是否喜欢他们的头发。认可在孩子们看来是很重要的东西，但是我希望我的意见没有那么重要。艾希莉的故事让我对"为什么这些问题会困扰我"有所顿悟。当我想要强调和认可的也是他们自己的看法时，孩子们就给我的意见赋予了价值。现在我的回答引起了人们的注意。对于他们，我经常的回答是："我很高兴看到你喜欢自己的新发型。"或者"我可以告诉你我喜欢用绿色。"一个更好的回答是问他们问题，这样他们就可以分享自己的故事。这样做是为了表明我真正对他们感兴趣，他们是我重视的人。

欣赏美好的事物是很自然的事。一项研究表明，即使是婴儿也更喜欢看漂亮脸蛋的照片，而不是不那么漂亮的脸蛋。但是物质主义把人抛弃了，却提升了物质的地位。

在春假时，我带过一队学龄组儿童，喊名字和说评判性的话胜过友谊，我对此很厌倦。于是，我们拿了大的白色贴纸，写了积极的描述性词语，擦掉姓名标签。我们不是用名字来称呼贾马尔，而称之为"伟大的建筑工人"，称安娜是"帮手"等等。当他们记不起对方的新名字时，他们会用在那个孩子身上能看到的任何描述性词汇来称呼他们的朋友。例如，当他们记不起安娜是帮助者时，他们会叫她"微笑女孩"。在短短的一天内，教室里的态度发生了变化。

想想上一次你赞美孩子的时候。你真正想要对孩子说的是什么？

给予真诚的赞美

1. 把孩子的独特性告诉父母。这不仅会有助于跟父母建立关系，而且也会让他们努力去发现自己的孩子。

2. 创设一个展示孩子们"真实色彩"的环境。用孩子们的故事或照片来表达他们的个性。

3. 塑造孩子们的技能。通过活动来提高、练习和完善每一个孩子的独特性。

推荐阅读书目

Kaufman, Gershen, Lev Raphael, and Pamela Espeland. 1999. Stick up for yourself! Every kid's guide to personal power and positive self-esteem. Rev. and up dated ed.

Minneapolis: Free Spirit Publishing. Roberts, Rosemary. 2006. Self-esteem and early learning: Key people from birth to school. 3rd ed. London: Paul Chapman Publishing.

第三部分：帮助我以新的方式学习

11 错误行为

每个幼儿园处理午餐盘的常规都各不相同。每个老师都有一套教孩子如何清理餐盘的操作流程。每个孩子都知道把银餐具放在哪里，什么东西要扔掉，什么不可以扔掉。食物是如何提供和如何处理的，取决于他们在哪里吃饭。常规使这套程序既安全又卫生。但即使有一套常规，总还会出现小意外。

我记得很清楚，在那段日子我设计了一个可行的操作程序：

站起来，把椅子推进去。

伸手拿自己的盘子。

把它拿到那只 55 加仑的垃圾桶里。

用刮板刮掉剩余的食物。

把盘子放在箱子里。

把刮板交给排在下一个的拿盘子的孩子。

这是一个成功的常规，因而每天这些事情通常都进行得很顺利。但今天，杰达忘记把她的椅子推进去了，这导致了剩菜溢出的多米诺效应。杰达朝垃圾桶走去，但杰瑞却没有这么走运。他的右脚被杰达的椅子绊住了，使他的身体产生了摇晃，结果将盘子里吃剩的土豆泥、肉汁和豌豆洒了出来，弄到了金姆的头发和地板上。金姆立即跳起来要去打杰瑞，杰瑞往后退挡了乔的路，这样乔的剩菜又倒到杰瑞的身上了。毫无悬念，接下来是哭声一片。杰达回来时恰好看到了多米诺骨牌倒下那一幕，她知道谁是第一个打翻餐盘的人。她惊呆了。我的助手走过去看，确保没人受重伤，我则朝杰达走去。

"哇，这里真是乱七八糟的！"我想给她一个主动谈自己感受的机会。"你认为我们该怎么办？"

这时，其他的孩子开始去看她，并指责她。

"这不是我干的。我坐在那边。"她指着一张没人坐的桌子说。当然，她这么说时受到了教室里每个孩子的强烈抵制。

在鼓励孩子们回去继续吃饭之后，我再次接近杰达。她已经坐到那个她声称是自己座位的地方去了，并正强忍着泪水。

"杰达，我总是忘记去做很多事情。你还记得吗，昨天午餐的时候，我忘记给大家倒牛奶了？"

"是的，你很傻。"

"是的，有时候我们去体育馆时，我忘记关门，使教室变得很冷。你还记得吗？"

"是的，我们回来时还要把外套穿一会儿。"

"每个人都会犯错，当我们犯错误的时候，会感觉很糟糕。但我知道如何让情况变得更好。你必须改正你的错误。当我忘了倒牛奶的时候，我不得不停止吃饭，站起来，把牛奶准备好。因为我忘记关门了，我们不得不穿上外套。我犯了错误，但把错误改正了，我就会感觉好些。今天你是不是犯了个错误？"

这需要一段时间，但杰达最终承认是自己忘记把椅子推进去了，向同学道歉，并帮助我清理地板和椅子。处理完这些事情后，我们讨论了改正错误要比因为撒谎而导致每个人都对我们大吼大叫要好得多。

要向她保证我的工作是在她犯错的时候帮助她，这一点很重要。然后，她就会有信心接近我，寻求我的帮助，而不是害怕惩罚。

"我保证，如果你需要我帮助你改正错误，我会帮你的。当你需要我们的时候，所有的老师都会帮助你。"

几天后，杰达的妈妈来跟我说："辛迪莉小姐，我应该和你谈谈。"我一脸困惑，我不记得给她送过条子或什么东西。"杰达说，我昨天让她穿礼服鞋去教堂，这是一个很大的错误，你应该帮助我改掉错误，这样会让我感觉好一点。"多亏她说这话的时候在咧着嘴笑。

把错误视为学习的机会

午餐的混乱平息之后，我把杰达说通了，这让我感觉很好。当她妈妈向我证实，她已经吸取这个教训时，我感觉更好了。这只是为了展现杰达的故事的核心信息。错误万岁！它们不一定让人感觉很好，却是我最喜欢的教学工具之一。用错误来培养性格。想想所有可以从犯错误中吸取的教训。这里有几个：

坚持性	决定
自我意识	决心
自我接纳	他人意识
宽恕	问题解决
容忍	有时候，只是简单的因果关系

不需要去惩罚或谴责错误，只需把它们当作教学的机会。如果一个

孩子犯了错误，他就需要学习如何去改正。人生的许多教训都是通过犯错而习得的。

如果你把这里搞糟了，就得把它清理干净。

如果你不小心绊倒某人，踩到他的脚趾头，撞到他了等等，告诉他你很抱歉，并帮他站起来。

如果你的第一次尝试不起作用，那就再试一次。

永不放弃。

熟能生巧。

如果我们把反社会行为看作是错误，而不是品行不端，我们对行为的反应就会有改变。品行不端会被惩罚或责备，而错误的行为需要教学。这一看法的改变可以彻底改变你的压力水平。作为一名教师，你就不再需要实施惩罚，相反，你可以把时间花在教导孩子做积极的、能为社会所接受的行为上。教会孩子如何去改正错误，将有助于他们建立牢固的人际关系，培养他们解决自己问题所需的自信，让他们获得有能力而不是无能力的感觉。

为避免因犯错误而受到惩罚所引起的负疚感和谴责感，孩子们往往会采取不诚实的行为。他们会通过撒谎来摆脱困境，甚至到了连他们自己也相信谎言本身的程度。作为一名教师，你需要帮助他们去面对自己的错误，承担责任，并让他们做出积极的决定。这样做可以让孩子们消除对惩罚的恐惧，并开始自信地去面对他们所需要解决的问题。

杰达的故事是一次意外。她不是故意不把椅子推进去，这不是一种深思熟虑的、有目的的行为。另一方面，我观察到一个孩子一边走路一边在想东西，撞到另一个孩子身上了，掴了那孩子耳光。这是一种无缘无故的侵略和暴力行为。这个行动中包含两个错误，走路想东西和掴耳光，但这仍然是错误。即使是有预谋的不当行为也是一个错误。愤怒是一种次要的、反应性情绪。它通常是对自己受伤害的一种回应。先是我们受伤了，然后我们发疯了。情绪不是错误，但报复的行为却是错误的。为了提供一个解决方案，我们不仅要处理这一记耳光，还要处理使这个孩子受伤害的原因——为了还击而推他。

丹·加特雷尔写过许多关于错误行为的好书，其中有一本《鼓励性课堂的方法指南》（2006）。他将错误行为分为三种不同的水平：实验、社会影响和强烈需求。以我的经验，我对此做了稍微不同的命名。我把这三种水平的错误行为定义为：因果关系、社会性行为和未满足的需求。杰达的故事是一个因果性错误的完美例子。她没把椅子收进去，所产生的后果是引发一场意外。我的儿子杰森，在两岁的时候，把一个迪普乐玩具扔向窗户。当我听到撞击的声音后跑到游戏室，他站在那里，完全惊呆了。他的嘴巴还张开着，眼睛睁得有平时的两倍那么大。当他看到我的时候，只是指了指窗户。他以为窗户不会破的！他惊呆了。这纯粹是一个因果性错误。他把迪普乐扔过去，旧窗户破了。然后他遇到麻烦了。当孩子们绊倒和撞到某人时；当他们扔球却因缺乏技能而把球扔到朋友的背上时；当他们玩一个玩具时，玩具坏了，所有这些例子都是因果性错误。这些错误都需要被解决。犯错误的孩子要承担责任，并解决问题。这就是孩子们学习的方式，即使这些行为超出了他们的控制范围，他们仍然需要承担责任并解决问题。这与我们的汽车在结冰的路面上开会打滑，撞上另一辆汽车的情形是一样的，我们仍然要对这起交通事故负责。

社会性行为错误是指人与人之间的问题。在学前班的教室里，你不用多久就能明白这指的是什么。一个最常见的例子是这样的：他拿了我的玩具，我打了他一拳（或把玩具抢回来）。犯社会性行为错误，表明孩子缺乏社会技能训练。孩子们必须学会如何成为好朋友，如何划清界限，以及当有人越过界限时应如何回应。

这让我想起了我自己的喜好。当我分享时，请容忍我。我讨厌在学前班的教室里使用线条！谁先走，谁最后，谁动了，谁撞了谁，我想和她在……唉！学前教育造成的问题比它们所建立的秩序更多。无论什么时候都要尽可能地避免它们。我喜欢让我的班级以一个团队外出。他们学会了注意自己要去的地方。因为从来没有人先去，孩子们的情感就不会受伤。不会因为有人迟到而情感破裂。孩子们终究会学会排队，但这要等到他们长大了并且有了更多的社会实践的时候。试着把等待线拿走一个月，你会喜欢的！

第三种水平的错误行为是未满足需要的错误，这种行为是有更深层次原因的。一个有未满足需求的孩子会为了满足需求而采取行动。一个只有当自己表现不好时才会引起别人注意的孩子，会继续做出错误行为以此来满足被注意的需求。如果一个孩子不觉得自己控制了跟他有关的事情，他就会表现得好像在自己的生活中很有发言权的样子。这种类型的行为常见于那些父母经常要急急忙忙去上班，为了不迟到而拖拽着孩子去上学的情况。这些孩子们无法选择吃什么，穿什么，坐在车里的什么位置，甚至连走路的速度都是由家长说了算。这些孩子将寻找机会，以任何可能的方式去表达权利。任何一个对自己的处境没有掌控感的人，都会觉得被贬低和没有价值。有时，由此产生的行为不容易指向某个原因。孩子可能有需要，却不知道如何去实现它。孩子可能会表现出攻击性，从人际关系中退出，过于精力充沛，在房间里跑来跑去扰乱任何一个人或每个人，或者变得昏昏欲睡，拒绝参与。

未满足需求的错误的解决必须从源头处理。我们不会忽视解决这种行为的责任。孩子们仍然要对由此产生的过错负责。但是为了真正帮助这些孩子，我们需要帮助他们认识到为什么自己会表现出错误的行为，我们也需要找出如何恰当地满足他们需求的方法。如果我们不这样做，他们会不断地尝试这种行为，直到需求得到满足。

　　有些行为并不总是属于上述三类行为中的某一类。其中一个例子就是打人。打别人是因为你绊到了自己的脚，你的手刚好向上扬，这是一个因果性错误。解决办法是道歉，试着让对方感觉好一些。因为他对你说了刻薄的话你就打他，这属于社会性错误行为。我们得教那个孩子，跟同学们说的那些话很刻薄。因为父母离婚感到压力而去打人，属于一个未被满足需要而产生的错误行为。要解决这个问题可能需要时间，因为我们需要帮助孩子和父母处理他们失落和紧张的情绪。

　　我经常被问到"如何教孩子们学会选择和承担后果？"我的回答是，这取决于你怎么教他。你是强加给孩子后果的人吗？你有没有告诉孩子该做什么，有没有与孩子一起来帮助他处理已经存在的后果？教师负责设定界限和行为期望。当我们不想让孩子们在教室里奔跑时，我们就要给他们提出"在教室里只能走不能跑"的要求。当我们不想让孩子们之间打来打去，我们就要教他们如何正确把自己的玩具要回来。然后，我们需要确保这些方法能起作用。如果孩子们用语言而不是用手去解决问题，我们需要确保他们的话语是有效的。如果他们要求别人归还玩具，但没有成功，他们将再次用动手去解决问题。

通过错误行为帮助孩子

　　1. 定义错误的行为及其水平。（参考76页"什么年龄的孩子做什么，为什么"的表格可用来帮助你解决这个问题。）

　　2. 帮助孩子承担责任，并帮助其找到改正错误的解决办法。

　　3. 帮助孩子发现为社会所接受的行为。

　　4. 坚持下去，确保新的行为有效。我想把这些概念介绍给父母，所以我做了一张巨大的海报，上面印着这些步骤。然后我把它挂在我的教室里，这样不仅我可以看到它，家长也可以看到它。一些家长想要自己复印一份，所以我制作了更小的海报，他们拿回去自己用。他们一次又一次地带回了成功的故事。他们与孩子的关系更令人愉快。他们觉得这个方法彻底改变了他们的养育方式，他们对结果非常满意。当他们与孩子们互动时，享受到的乐趣就更大了。

反思

我与杰达在一起的时刻巩固了我对错误行为的看法。当故事发生时，我只是在过程中探索，发现孩子们是如何面对惩罚的。在吃午饭之前，我更像是一个纪律实施者而不是一名教师。我对孩子们的行为做出了回应，告诉他们做错了什么，以及他们的选择会带来怎样的后果。在这次事件之后，我意识到，害怕承担责任与害怕被审判和惩罚之间存在着一种核心联系。

当你犯了错误会有什么感觉呢？你的第一反应是改正它，还是因为"这不是我的错"而感到痛苦？我们的反应通常是由之前的经验，夹杂着我们的个性所决定的。有些孩子有一种强烈的同情心，认为自己可能伤害了别人这个想法，几乎超出了自己的承受能力。这些孩子宁愿说谎或隐瞒，也不愿面对真相。你所照看的孩子们是如何应对错误的？你将如何帮助他们解决问题，并从中学习呢？

"什么年龄的孩子做什么，为什么？"表是我用于帮助自己确定自己正在处理的行为属于哪一种水平的一种分析工具，在这里和你们分享。

什么年龄的孩子做什么，为什么？

一个五岁的孩子因为有人踩了她的鞋带而跌倒，她摔倒了，撞到了路边的某个人。

  这是一种因果性行为。在确保每个人都没有受伤的情况下，帮助孩子道歉，并且学习要确保每个人的鞋子都是系牢的。

一个四岁的孩子因为有人拿了他的玩具而打人。

  这是一个社会性行为，这个问题需要解决，还要教给他新的行为。

一个三岁的孩子因为她累了，有人挡道了而打人。

  这是一个未满足的需求行为。要确保没有受重伤。提醒孩子打人不好，请人让一下，然后满足她的需要，帮助她睡个好觉。如果这是一个持续性问题，我们可能要与家长讨论，看看是否需要调整孩子的就寝时间。如果这是一次性的问题，那么午睡就可以解决了。

12 菜谱

我以自己拥有一间语言丰富的教室而自豪。教室里的每个地方都有书，到处都是书写工具和纸。积木区有图纸，所以小小建筑工人可以设计蓝图。我买了一些装饰用的纸垫，还有几本食谱卡和食谱书，放在家庭生活区。孩子们有许多机会亲自动手学习读写。

这一天，到了准备午餐的时候。每个孩子都把教室里的物品送回到指定的存放地点。史蒂夫和凯文正在拆除自己创造的积木作品《街区》，并将积木重新放回到玩具架。杰西卡、玛丽亚和大卫正在观察颜料从他们的画笔上流掉，然后消失在水槽的下水道里。齐克把计算器放回到玩具架子上，期待下次再把它们拿出来玩。杰达分到的任务是去做厨房助手，于是她和我在为即将到来的盛宴摆桌子。卡琳手里拿着一本菜谱向我走来，脸上带着困惑的表情。"辛迪莉小姐，这本书里有食物的图片，所以它是不是应该放在阅读区？可是它上面也有数字，所以是不是要把它放在科学区呢？"

"里面是什么图片？"我想让她自己去解决这个问题。

"嗯，里面有一些晚餐。但是里面还有一些量杯，跟我们水桌里放着的量杯很像，但是我们不能把书放在水里。放到水里书就糊掉了。"这一点在几天前就已经被证明了。

让孩子使用房间的钥匙是很重要的，因为这样他们就能知道东西的归属。我希望她在解决自己的问题上有成功感，于是继续提出一些问题，希望能让她找到想要的答案。"在我们教室的什么地方能找到做晚餐的东西呢？"

"午餐桌。我们的午餐桌上没有书。"她摇着头，好像是在告诉我这条规则。

有时候，我们只是需要告诉一下孩子们答案，这样他们下次就能找到答案。"卡琳，那是一本食谱书。当我们想在家庭生活区做饭的时候，就会用到它。你能把它放在家庭生活区吗？"

她微笑着说："酷饼干。"

酷饼干？她说的是"酷饼干"吗？这就是我常说的！从一个学龄前儿童口中说出这样的话是很奇怪的。她甚至用我使用的方式画出了"cooool"这个词。事实上，卡琳听上去就像一个小小的我。我说"酷饼干"是一种肯定，就像很多人说的"好"或"好的，好的"。我每天都要说很多次，却没有好好想过它的意思。卡琳就是在与我完全相同的使用情境中使用了它。我的目光跟随她到了家庭生活区的厨房，她把书立在小桌子的上面，小心翼翼地把精装书的封面打开来以平衡这本书，然后将里面的每页纸呈扇形张开，使之看上去好看些，就像我平时那样拥着。

我环顾了一下教室。教室里的背景音乐回荡着肯尼·G 流畅的爵士萨克斯。男孩们向杰西卡求助，请她帮忙把乐高积木放到大的黄色篮子里，这些积木被放回到玩具架上，按颜色和大小排列好。卡车头朝外摆放，好像即将要开出去一样，而不是像刚刚停进来。在阅读区上方挂了蚊帐，使这个区域看起来很吸引人，也增加了一种舒适的感觉。绘本的封面贴在一面墙上，而架子上的木偶装饰了另一面墙。我像是在家里，待在这里感觉很好。孩子们都在忙碌着，房间里有噪音，但听起来似乎很宁静。甚至还有一种香草的气息飘进我的鼻子。我喜欢待在这里。我们喜欢待在这里。我们属于这里。

创设合适的环境

在那一刻，我们所做的一切终于都到位了。它刚刚发生。教室的布置是完美而有效的。孩子们相信我会满足他们的需要，当他们需要我的时候我都有空。他们知道一走进教室，我们所有人都会有一些有趣的事情发生，他们将要接受尝试新事物的挑战，他们会被介绍给一些至今还未见过或想过的东西。友谊会开花结果。

这个房间舒适、自在还非常吸引人。它在召唤你进去。它想让你看到所有必须提供的东西。艺术区的新工具在等待你去尝试；阅读区有一些需要你去阅读的故事书和希望能让你在一个更近的距离观看东西的放大镜；建构区有等着你去建造的城镇；科学区有渴望被发明的太空交通工具。我们制作的那辆黄色的纸箱巴士在召唤孩子们上车；不同大小的彩色熊需要你去称重和测量；音乐等待着你去指挥。这个房间需要我们，我们需要它。我们彼此需要着。

很明显，在这个教室里，我并不是唯一觉得舒适的人。孩子们与环境的互动是有目的而又轻松的。卡琳甚至还引用了我的口头禅。当许多人生活在一起时，他们就开始了解这个群体的语言、日常生活和期望。这都是环境的一部分。我记得有一次圣诞节，我的兄弟来我家。他正在为即将到来的庆祝活动包装礼物，他试着去找那卷包装袋。我告诉他，"在抽屉里"。他不知道我指的是哪个抽屉。房间里到处都是抽屉，浴室、每间卧室、厨房、走廊和车库都有抽屉。哪个抽屉可能是放包装袋的抽屉呢？我女儿拉着他的手，带他走到厨房。在那里，她介绍了抽屉和里面通常放的东西。我和我的女儿一起生活了四年，我们说的是同一个"抽屉"语言，我们共享同样的环境。

幼儿园的环境是由什么构成的呢？玛丽·瑞克·亚隆戈和琼·伊森伯格在《探索你的角色》（2000：149）一书中指出："关于环境，我们指的是一个有计划地安排的物理空间，人与人之间的关系，以及特定的课程、中心或学校的价值观和目标系统这几个方面的结合。环境是会对特定个体和群体产生影响的影响因素总和。然而，每个环境都是独特的，因为这些影响因素彼此互动的方式不同。"

换句话说，环境包括房间的布局和内容，孩子和老师，以及你所追求的课程价值观或目标。这些因素结合在一起创造了教室环境。

有很多资源可以帮助你做出平衡而有效的空间布局。在本章的结尾我列出了一些。一个好的空间布局并不总是意味着一个成功的教室，但一个糟糕的布局可以确保你的教室是无效的。如果一个班级充满争夺，那么空间布局通常是首先需要去审视的。

幼儿和幼儿的个性、教师的个性，连同课程的目标，都是早期学习环境的重要组成部分。几年来，我在同一个教室里教学前班，基本上都是用同样的设备，但每年秋天，当一群新的孩子到来时，房间似乎变了。有一年，我带了一群非常闹腾的孩子。他们的身体很好，声音很大。当我们集合坐在一起时，他们看起来就像一堆无法抑制自己能量的跳跳豆。我在房间里增加了一个攀岩设备，以满足他们需要很多体育活动的需求。班级的气氛总是充满乐趣和刺激。第二年，来了一群更温和的孩子，他们生活在一个更安静的、常规固定的教室里，将攀爬设备放在那里看起来像是在浪费空间。

当孩子们在教室里生活时，他们就成了环境的一部分。孩子们会学到同样的语言，同样的常规，甚至是周围人的言谈举止。在这个故事中，卡琳重复了我的"酷饼干"。与我的相处中，她学到了这句话，甚至还学我那低沉的语调。我突然意识到我对班上孩子们的影响之大。他们已经学会了按照我所认为的最好的方式来布置教室。房间里还有包括音乐和气味在内的我的专用物品。我们是学习环境的一部分，我充当了一个强大的角色。那时，让我觉得舒适的是，有目地进行规划的环境。我将自己的个性融入教室环境中，使之变得让所有的人都感到安全和舒适。

我当园长的任何时候，当一个新老师决定掌控教室的所有权时，我总是可以跟她讲一讲。老师对每个柜子进行清理，重新安排一切，改变墙壁上的东西，增加了私人物品。当所有的东西都布置好了，激动人心的时刻到了。老师就亲自把房间交给在那里生活的孩子。她开始拥有这个教室，履行自己在其中的角色。这让我想起了自己为做一副好的棒球手套所付出的努力。第一天刚买的手套好使，但有点僵硬。手套用破后，它开始贴合使用者的手形了。接着，主人用一种液体绕着球给手套塑形。这使手套真正有效。当球碰到手套，它就会落到正确的位置，既舒适又紧。手套实现了它的目的，戴着它，球和手都舒服。老师根据孩子的情况去打造教室环境，提供了与"手"完全拟合的环境，这样的环境非常适合使用的人。

课程的目标和价值观也是打造一个完美环境所需考虑的要素。放在积木区的卡车，我会将它头朝外摆，而不是让它们看起来就是停在那里似的。不管你信不信，这体现了我所重视的空间应具备的各种品质中的一种——吸引人。一辆车头朝外的车，让人看起来像是准备好要出发了，而不像是一切都完成后停在停车场；一本被支起来的打开着的书，是在邀请孩子去阅读；阅读区的蚊帐，给人一种舒适的感觉，抱枕也能产生这种效果。空间应该是可接近的、安全的、互动的和吸引人的，这些都是我重视的特质。这些品质构成了一个有效的学习环境。

我们在那间房间里进行教学的目标是去培养、参与和增进，当你环顾四周时，你会发现这些目标是显而易见的。在整个房间里，你可以看到孩子们正在积极地参与到学习过程时，这对他们来说是一段愉快的经历。远处的墙上展示的是我们的艺术作品。每个孩子都有一个画框，并且要他们自己选择放到里面去的画作内容。房间里还有孩子们用来查阅问题答案的参考书。被我们取名为吉米的公共汽车，正等着我们坐。孩子们看到自己的兄弟姐妹上了一辆公共汽车，也想造一辆属于自己的公共汽车，于是我们就动手做了一辆。这个房间表达了他们的参与，并展示了他们在学习上的成功。我们的课程目标和价值观在环境中得到了体现。我们重视每个孩子，这在环境中呈现出来了；我们重视孩子们的参与，这在环境中呈现出来了；我们重视学习过程，这也在环境中呈现出来了。

儿童、我自己、设备和课程的价值观都明显影响着教室里的氛围。我们一起创造了一个高质量的学习环境，我们让其共同发挥作用。

反思

那天，当我停下来环顾四周时，感觉很好，因为感觉到自己是其中的一员。我处在一个让我感到安全的地方。对我来说，成为我打算成为的那个人，一名教师，这就是安全感。我打算提供一个高质量的、培养人的早期的学习环境，而我正在这样做。这是一种"本垒打"的感觉。所有我的努力、工作、计划、准备、实践和给予，都聚集在一起。我打了一个本垒打，正在朝本垒跑去。我深深地吸了口气，有了自己一点小小的庆祝时刻。除了和孩子们在一起的时候，这是我曾经感到最满足的时刻。

教室环境可以营造一种学习的氛围，也可以营造一种混乱的气氛。创造一个积极的学习环境是教师最大的工作之一。它是包罗万象的，而且这是一笔不是成功就是失败的交易。

当你去观察构成教室环境的关系、物理安排和课程价值观这三个领域时，你是如何评价自己在创设积极的学习环境方面的效率的？开发一个你想要的环境是需要时间的。这是一个时刻演进的过程，任何变化都可能导致波动。在小组中增加一名新儿童，动力就会很快发生变化。只要有耐心、计划和练习，你就能到达你自己"本垒打"的时刻。

推荐阅读书目

Curtis, Deb, and Margie Carter. 2003. Designs for living and learning: Transforming early childhood environments. Saint Paul: Redleaf Press.

Greenman, Jim. 2005. Caring spaces, learning places: Children's environments that work. Redmond, WA: Exchange Press.

Jalongo, MaryRenck, and Joan P. Isenberg. 2000. Exploring your role: Apractitioner's introduction to early childhood education. Upper Saddle River, NJ: Merrill.

National Association for the Education of Young Children. 2007. NAEYC early childhood program standards and accreditation criteria: The mark of quality in early education. Washington, DC: NAEYC.

13 一个安静的孩子

乔尼一人在地板上玩。他正安静地用各种颜色的恐龙做一道彩虹。他把所有红色的恐龙都排成一排，把紫色的恐龙排成一排。很难知道乔尼一天到晚都在想什么。他不会花很多时间与人谈论或到处乱跑。学前班儿童的情绪经常出现一会儿高涨一会儿低落，而在他身上似乎没有这种情绪的波动。他的情绪更能控制，也更稳定。他聪明又可爱，但他不喜欢拥抱，只在一个难得的场合，他会给一个"举手击掌"。

我坐下来，双腿交叉，双手交叉，看着他。乔尼的小手慢慢地、有目的地移动着。排完一行紫色的恐龙，他又开始用绿色的恐龙排队做彩虹。他拿起一个绿色的恐龙，抓了一会儿，双眼直视着我，把恐龙递给我。他已经允许我待在他的地盘，进入他的游戏世界。我把恐龙放在正确的位置，然后拿起另一个。我们之间没有交流，他认为不需要。

彩虹变长了。所有的小恐龙都被放到该放的地方，我们的任务就完成了。他再次看了看我，然后他的手移到装恐龙的容器。他要表达的意思是，我们的游戏时间快结束了。彩虹被扔进桶里，颜色又被搅乱了。他最后的微笑给游戏画了个句号，然后，他走了。

帮助孩子以让每个人都感到舒服的方式学习

随着时间的推移，我和乔尼之间的关系发生了变化，我们之间的联系变得越来越牢固。我们没有说话，这证明我们之间交流的深度。我们不再需要进行表面上的交流，这对我们彼此都有利。我们可以在没有言语限制的情况下，享受亲密无间的关系。

和孩子们一起不纯粹就是打发时间，而是一项最艰巨的任务。在那段游戏时间里，我收集了许多关于乔尼的有价值的发展性观察资料，我把它们添加到了他的评估档案袋中。他在排序和分类，这两者都是重要的数学技能。但关系发展的价值让我印象最深。他允许我进入他的空间，因为我等待他的邀请。如果我只是坐下来，急切地加入到他的恐龙游戏中，他的反应就会是大大地不同了。了解了他的典型反应，我相信他会让我接手，然后离开。

尊重个性是任何关系的关键。给予孩子自己的空间是对他们应有的尊重。乔尼不喜欢成为大群体中的一部分，而是喜欢一次只跟一两个人玩。我对此表示尊重，在一天活动计划中创造机会，以满足乔尼想在一个小群体中游戏的需要。他可以探索同样的概念，那就是所有的孩子都有机会去探索，而不必被置于一个让他不舒服的情形中。如果试图强迫乔尼参加自己没有选择的大组活动，他会怨恨我，我也就不再能得到他的信任。

有时，我会请乔尼和我一起参加比赛。因为我得到了他的信任，他得到了我的尊重，于是他尊重了我的请求，不情愿地参加了。我总是感谢他的勇敢尝试，但我没逼迫他做到这一点。

每个孩子都有自己的偏好和才能，它们都需要被尊重。没有人会因为被迫去做某件事而受益。不要误解我的意思：我们生活中都有些不管我们喜欢与否，都必须去做的事情，就像吃蔬菜一样。在教室里，我们必须遵循一些常规。例如，其他孩子都到室外去活动时，我们不能让一个孩子独自待在室内。但在每一个机会中，我们都需要根据他们愿意参与的程度，给孩子们提供选择。总是有其他的选择，孩子可以有同样的学习机会。我们必须要有创造力。

很多种工具可以帮助我们去定义个人的倾向。教育领域中最常用的是霍华德·加德纳的多元智能理论（2006）。他提出，人有八种不同类型的智能：语言、数理逻辑、空间、身体运动、音乐、人际关系、内省和自然主义。

- 语言智能是指运用语言来表达自己的思想及对别人的理解的能力。谈论事物和辩论需要用到语言智能。语言智能好的人喜欢阅读和写作。
- 数理逻辑智能是指用推理来理解信息的能力。具有逻辑智能的人通常喜欢图形化和将信息组织成类别。
- 空间智能是指利用图像来理解信息的能力。有视觉智能的人喜欢看东西，他们经常用图像而不是文字来思考。
- 身体运动智能是指通过运动来学习的能力。拥有动觉智能的人喜欢戏剧和游戏。他们必须动，即便是在听故事的时候。
- 音乐智能是指在思考中融入音乐模式的能力。拥有这种智力的人喜欢节奏，喜欢听节拍，他们经常在周围没有其他音乐的时候哼歌或唱歌。
- 人际智能是指利用人际关系来学习的能力。有这种智力

- 内省智能是指内在的反思。有这种智力的人理解信息，因为它与自身的存在有关。
- 自然主义智能包括从可观察的世界中处理和组织信息。拥有自然主义智能的人擅长分类物品，特别是那些自然世界的物品。

乔尼是一个数理逻辑方面的学习者。他希望自己的世界秩序井然，他通过组织信息来获取新的信息。他不需要像语言学习者那样去谈论信息；而且他肯定不喜欢，像拥有人际智能的人那样作为团队的一部分去工作。他确实有很强的内省智能倾向，但更多的时候，我发现他在组织、分类和制图。这些习惯反映了一个人的逻辑智能。理解这些智能分类，有助于我们将所有孩子的学习倾向纳入我们的课堂。我们希望确保孩子们有各种各样的学习经历，并提供能让每个人都能吸收的信息。

加德纳帮助我们理解，孩子们是以不同的方式去理解信息的，但是人的个性有很多方面。在很小的时候，孩子们就开始展现自己的个性、才能和能力，如果你仔细观察，就会发现他们的学习风格。

反思

乔尼的故事对我来说是很珍贵的。我已经学会根据孩子们的风格来满足他们的需要，而不是根据我的风格。安静地坐着，一句话也不说，当然这不是我的教学风格。我这么喜欢说话，以至于有些时候我的嗓子因过度使用而受损！不管我的风格如何，乔尼的学习风格才是真正重要的。将我的教学风格与他的学习风格相匹配，比我的自我表现更重要。相比于为了教而教，为了学而教才是我们更大的目标。

定期地花时间去反思你所照顾的每一个孩子的天赋、独特的视角和学习方式。有时，我们过于专注于学习目标，以至于忘记去仔细思考能帮助每个孩子达到目标的途径。有时，我们忘了不是每个人都会像我们那样去看待和回应世界的。记住每天都要建立观察时间。如果给他们空间和时间，孩子们会向你展示他们偏爱的学习方式。今天你会怎么做？你会如何在一天中，给孩子们留出属于他们自己的时间，让他们去学习呢？

推荐阅读书目

Wilford, Sara. 2009. Nurturing Young Children's Disposition to Learn. Saint Paul: Redleaf Press.

Will, TamaraJ., Karen King, and Michelle Mergler. 2007. Great preschools: Building developmental assets in early childhood. Minneapolis: Search Institute.

14 我们准备好了吗？

我再一次给特琳的妈妈打电话，让她给女儿带一些干一点的衣服来。她每天早上都会带几套来，但今天我们已经把它们换完了。特琳的医生说，她没有学会上厕所不是生理上的原因，她的身体没有毛病。再过两周她就到三岁了，她的母亲为此非常绝望。

我一句话也没说，把一袋湿衣服递给特琳的妈妈，她的叹息声更重了。我们已经试过许多诀窍了。每半个小时，我们都会让特琳去上厕所，她坐着，我们等啊等。我最喜欢的方法是她妈妈尝试过的浮标。大约十分钟，浮标湿了后就会溶解，而当尿液击中浮标时，它就会变成一只可爱的小兔子。我只是听说，因为我从没见过它发生。我想不出我还有什么没说过的鼓励的话语。事实上，我开始变得像是一张不断在重复这些话的破唱片。

最后我说："我的孩子们十岁，十二岁，十七岁了。他们都受过如厕训练。"当我继续说时，她给了我一种讽刺的笑声。"我甚至不记得他们是在什么年龄进行如厕训练的。我知道在其中两个孩子身上经历了很多痛苦，但我知道这终会过去的。我保证，有一天特琳也将接受如厕训练。"这番话似乎让她的紧张感减轻了一些。

想一想每个儿童准备学什么

什么时候？什么时候是教孩子如厕的合适时间呢？什么时候是孩子开始阅读的合适时间，或者他们三岁的时候应该有多高？父母问我的最不寻常的"什么时候……？"问题是"什么时候他们应该负责给自己开门？"我说："什么？"我不确定我是否听清楚父母的话。

多年来，我们一直在问的问题是什么年龄应该有什么样的行为和发展。全美幼教协会的这本《儿童早期项目中的发展适宜性实践》（2009）呈现了一幅相当不错的画面。如果你手头上没有这本书，那就去找一本，买一本，或者从图书馆借一本。最好建议你的老板给你和你的同事每人买一本。这本书不仅描述了每个年龄段的行为预期，而且还描述了那个年龄段的不适宜和适宜的教学实践。

作为一名幼儿园教师，我最常被问到的问题是"他们什么时候开始学习阅读？"以下是我的回答。

"阅读只是读写能力的一部分。孩子们需要牢牢掌握一门语言和文字，才能理解他们在阅读什么，或者为什么要阅读。这其实从出生时就开始了。当你和你的婴儿说话的时候，你就在开始建立一个语言基础。当我们向孩子们介绍新的单词和信息时，我们正在给他们打下更广泛的基础。"

如果一个二年级学生正在阅读她的阅读材料，并且遇到了'消防栓'这个词，那么她需要在上下文中对这个单词进行七次阅读，她才能理解所阅读的内容。但是如果那个孩子在她上学前班的时候和我们一起散步，我们看到了一个消防栓，摸摸它，讨论它，看看消防队员们在什么地方把水管连接起来，当她第一次在文章中读到'消防栓'这个词时，就马上能理解了。如果我们让孩子们花时间去写个完美的字母'F'，他们就会错过散步的机会。

在孩子们学会阅读之前，他们需要知道他们所说的话是可以被写下来的，而写下来的东西是可以说出来的。他们需要知道，阅读从左到右，从上到下，一本书从前到后。书写是读写能力的另一部分。它不仅仅是指能够写字母，还需要掌握一套不同的工具。孩子们的手指必须有控制肌肉的能力。涂色和绘画锻炼了用于书写的肌肉。接触到现实生活中许多我们使用书面语言的不同方式，给了孩子一个想要书写的理由。这就是为什么你会在我们的厨房区看到铅笔的原因，这样孩子们可以写他们自己的购物清单或食谱卡片。这就是为什么在建筑区有图纸的原因。识字是一个复杂的过程。每天我们都完成许多任务，这些任务将培养孩子的理解力、阅读能力和写作能力。我知道这是一个很长的答案，但这是真的，我所描述的理论是可行的。

有些早期儿童研究的领域和知识似乎总是从一个极端转向另一个极端。开始给婴儿喂养固体食物的年龄就是其中的一个话题。二十年前，当我的孩子还是婴儿的时候，我们大约在八周的时候就开始给他们喂固体食物。大约五年后，儿科医生建议，在孩子一岁之前不要食用任何固体食物。这是一个坏主意，但他们的研究显示从那个时间开始是最好的。目前的观点是，最好在大约 6 个月的时间里开始给婴儿提供固体颗粒。儿童发展是一个不断变化和不断发展的领域。新的研究每年都支持新的更好的教育方法。在很大程度上，这些研究把我们的职业变成了一个真正有质量和有价值的职业。我们将继续根据当时可提供的最佳信息来调整课程指南和程序。我曾看到电视被请出教室，但有一次它们被用于帮助孩子们睡午觉。大脑研究开始让我们更清楚地看到电视对大脑的作用。电视锻炼了控制基本的本能和生存机制的那部分大脑，但它不使用负责思维的那部分大脑。我想训练儿童大脑中负责思考的那部分。

我看到学习单离开了教室，现在我看到它们又在慢慢地回来了。对幼儿园准备重要性的新认识导致一些课程中又将它们放进去。孩子们在很小的时候就开始学习识字，目的是为更高级的幼儿园学习做好准备。我们的学前班开始看起来像18年前我自己的孩子们上的幼儿园。时间会告诉我们这是不是一个积极的变化，但现在我们按照所能获得的最好的信息行事。孩子们在多大的年龄开始学习阅读在变化。我有一个学生名叫杰克，他毕业去上幼儿园的时候，阅读水平已达到二年级学生。他有自然的天赋和强烈的阅读欲望。既然他对阅读感兴趣，我们就为他提供了他想要的知识和许多探索语言的机会。结果是惊人的。这是他的一个故事。

春天来了，伴随着春天的到来，一些春季运动也开始了。在许多州，孩子在四岁的时候就可以开始参加有组织的运动了。杰克刚满四岁，准备开始他的体育生涯。在他第一次参加儿童棒球练习后的早上，他带着一个新的金属球棒进入教室。他的眼睛里闪烁着光芒，径直向我跑去。他有满嘴的话要说，但不能很快地把它们倒出来。我最初的反应是忽视他的话语，用全力去抓住球棒，但他毫无恶意地把它垂直地夹在脖子上。我认为如果它是水平的，那就是我的。

他张开嘴，把想要说的把话倒出来。我专注地倾听，眼睛注视着他的眼睛而不是球棒，尽管球棒仍然是看得见的。我对安全很重视，但这里没有直接的威胁，所以我强迫自己听他的话。'昨天是我在体育营的第一天……'然后我听到了他的朋友的名字，他击球有多远，他的教练的名字，然后我听到了他的球棒的名字。他指着球棒上的字母念道'S、L、

U、G、G、E、R、Slugger（重击者）'，他说着，把它们的读音拼出来。然后，他愉快地、非常大声而清楚地说："这都是我自己拼出来的。"

现在，他的话说完了，笑得合不拢嘴。这句妙语已经被送出去了，这个名字的发音全是他自己拼出来的。这是我应该注意和认可的。我骄傲地肯定了他。我问他是否想找更多的单词。我们把球棒放在一个安全的地方。然后，我们花了整整一个小时的时间来读单词，有时和其他孩子一起读，有时只是我们两个人。

并不是每个孩子都在4岁时做好了阅读准备，但杰克是一个有天赋的孩子，他在很多方面的发展都很领先。每次玩跳棋他都能击败我，甚至在当我试图击败他的时候。这是令人尴尬的！

要是我凭直觉走了，要是我害怕在全是孩子的教室里出现一只金属球棒，我就会毁了这一刻。如果杰克遵照我的意愿，把球棒从房间里拿走，那么我将错过了一个黄金机会，与杰克建立联系，花一个小时鹰架，连接神经元，培养自尊、微笑。

他有话要告诉我，不是关于运动营或刚刚结识的队友，而是关于他的阅读。通过讲述他的故事，我知道他希望学习更多的字母，以及这些字母是如何组合在一起构成熟悉的单词。

如果我们花时间去倾听，孩子们常常会告诉我们他们真正需要的是什么。我们希望他们遵循我们的计划，并完成我们的计划，但是如果我们花时间去倾听，我们就会听到对他们来说有意义和有价值的东西。如果这些东西是有意义和有价值的，他们就会把它记住。他们会使用它，他们会学到比我们计划的更多的东西。

一个孩子曾经对我说："如果我不想知道，你就不能告诉我。"这不是一句对抗性的声明。他是以一种实事求是的语气说的，但他已经意识到，除非他想知道一些事情，否则他不会保留我塞给他的信息。他说得太对了。

这就是我的答案。当孩子想阅读的时候，就是教孩子阅读的时候。你可以创造一个让孩子对阅读充满好奇，并有足够的机会去尝试的环境。当孩子的年纪足以自己安全地把门打开时，如果你不这样做，那孩子也会去做。当孩子在身体上、情绪上和动机上都已准备好的时候，你可以给她提供一个如厕训练的机会。我保证，这种情况就会发生。

作为教师，我们提供最优的学习环境。我们给孩子们提供工具和机会。我们鼓励他们去尝试。我们可以创设环境来激发好奇心，当他们想要知道的时候，他们就会去学习。这是教导他们的正确时机。

反思

今年我最小的儿子将年满十八岁，我将成为成年子女的母亲。我几乎不记得那些"小人国"的日子了，更不用说那些"上厕所"的日子了。当你处在特琳的妈妈正在经历的那个时刻，你会认为任何事情不会有改变。但事实上，一切都以如此之快的速度发展着。在正确的时间，提供正确的信息是很重要的。在错误的时间，提供正确的信息，则会让人感到沮丧和徒劳。

你有过这样的经历吗？当你把一些信息给孩子们讲了好几遍，但那时，在正确的时间，他们记住了——我的意思是，真正懂了。"灯泡"亮了，他们记住了。他们成了信息的主人，甚至把信息整合到其他领域。不管出于什么原因，在那个时候他们需要信息，所以就被记住了。

当家长问你关于发展的问题时，你会告诉他们什么？你告诉他们的是你真正相信的东西吗？曾经有一段时间，我定义了我对儿童发展的真正信念。当然，它与当前早期学习领域的信念是相符的，但我掌握了它的所有权。那是我可教的时刻。我需要知道，从书籍、我认识的人和经验中，我找到了我的答案。

当孩子们可以告诉你他们需要知道什么时,他们会错吗?杰克知道他想读更多的单词。我等待着他的妙语,他告诉我他准备学习什么。他告诉我,那天我应该教他什么。我也这么做了。

你今天要教什么?你怎么知道这是对的?

推荐阅读书目

Hewitt, Deborah. 1995. So this is normal too? Teachers and parents working out developmental issues in young children. Saint Paul: Redleaf Press.

15 湿袜子会毁掉你的一天

我刚洗过的袜子还没干。它们已经在烘干机里烘了将近 20 分钟，但是毛巾却在减缓干燥的过程。我抽屉里的其他袜子又厚又重。随着炎热的夏季到来，穿这些袜子会让人整天都不舒服。我决定就穿那双还稍微有点湿的袜子，它们最终会变干的。这样所受的刺激稍微轻些，但同样令人恼火。

于是我去上班。因为脚是湿的已经让我觉得讨厌了，昨晚最后关门的人忘记吸尘了，又让我增加了一层烦恼。我的脚让我感到讨厌，我的房间让我感觉恶心。今天早晨，没有那种我习惯了的准备去感受的那种新鲜。正常情况下，我的搭档很好。她离开前总会将所有的东西归位，把椅子整整齐齐地排在桌子旁。在离开时还会喷空气清新剂，所以即使到了早上，房间里的气味还很好闻。但今天不是这样。昨天拖地板时，她把椅子堆在一起，今天早上这些椅子还这样堆着。昨天孩子们的美术作品还扔在地毯上，空气中绝对没有那种美好的气味。我的脚也令人讨厌，教室也令人讨厌，三位家长跑进来又跑出去，因为那天我的课开始的时候他们迟到了。不知怎的，我觉得所有一切没有准备好就开始了。

"辛迪莉小姐。"詹娜说话的时候，用手拽着我的裤腿，"你今天早上想去比萨店玩吗？"

"谢谢你，但是现在不行，詹娜。我得把椅子放好。"

过了一会儿："辛迪莉小姐"，她又来拽我，"你想玩糖果乐园吗？"

"不，谢谢你。也许杰克会和你一起玩。"我正在用真空吸尘器清扫。

"辛迪莉小姐。"她又是拽啊拽，"你想知道谁能建造最大的塔吗？""不，我现在要擦桌子。"

"辛迪莉小姐，你今天为什么这么伤心？"我停下来，我惊呆了。我没有用尖锐的语气说话，也没有粗鲁地对她。

"詹娜是什么让你觉得我很伤心呢？"我很好奇是什么出卖了我。

"你的脸。它在说你很悲伤。你没有疯，但你不快乐。你是不是累了？因为你累的时候总是把头发梳成马尾辫。所以我想你一定很难过。你想谈谈这件事吗？你总是说，如果我们说说伤心的事，心情就会好一些。"

"詹娜，你是对的。我很难过，也许有点恼火。莎拉小姐总是把我的房间收拾得那么好，可今天早上一切没有平常那么好了。我最喜欢的袜子放在干衣机里没有干，所以我正在穿着湿的袜子。"

她开始笑了。"你的袜子是湿的！这就是让你悲伤的原因。"她吐每个字的时候都在咯咯地笑。詹娜的笑带有传染性。就连教室里的其他孩子也没有忍住。很快所有的人都在嘲笑我的湿袜子。有些孩子不认为湿袜子是一件可笑的事，但詹娜是这样认为的。她认为这是可笑的，甚至是滑稽的。她说得对，我受湿袜子的影响太大了。在现实世界中，即使是在一个四岁孩子的世界里，湿袜子也不应该有足够的力量去毁掉我们整个上午。

我告诉她，当大家嘲笑我的湿袜子时，她让我感觉好多了，她是我的好朋友，会注意到我很难过，并试着帮助我。在我的生活中有她是多么幸运啊！我们用白纸剪出袜子的形状，制作了我们自己的傻袜子。我们把它们挂在一条绳子上去晾干，还附上一张写有"湿袜子不会毁了我的一天！"的便签。

教孩子们成为好朋友

牢固的人际关系让我们有能力去识别对方的情绪。我们可以看到她的脸看起来不太高兴，或者，就我来说，我在允许让一些愚蠢的情况，干扰我能力的展现，干扰到我对孩子们的觉察。但谢天谢地，他们在场，并觉察到了我。该轮到他们成为控制局势的人了。詹娜看到了我的不快，用她知道的一些策略让我感觉好一些。考虑了成长和运作的空间，关系是双向的交流。每天我们为孩子们付出了我们的能量、我们的心和我们的时间。如果我们允许这种情况发生，关系就可以重新填满我们的"油箱"，让我们的心变得轻松。

詹娜在这里也学到了一课。她学到了自己知道如何做一个好朋友。早上，她对我的付出，使我们的生活变得更美好。她为自己做了一件好事而感到自豪。强化孩子对世界所产生的积极影响，有助于让他们建立自尊和自信，最终赋予他们继续积极地影响世界的能力。

儿童从很小的时候就开始发展社会性能力。在学前班的课堂上，所有的内容都是关于友谊的。我不能计算一名幼儿园老师会听到多少次"他们不再喜欢我了"这个悲伤的声明。通常随之而来的是"因为他们不喜欢跟我一起玩"，或者"他们不按照我说的做"，或者许多关于友谊遇到麻烦的宣告。很多时候，孩子们只是需要安慰，因为他们的朋友在跟不同的人玩，这并不意味着他们不再是朋友。这只是意味着我们可以有一个以上的朋友。需要帮助那个说"你不再是我的朋友"的孩子用更合适的方式来表达受伤的感觉。例如："这么做不好"或者"你打我的时候，我不喜欢这种行为"。

　　幼儿教师为儿童未来的友谊奠定基础。我们教孩子们如何对待朋友，如何设定友谊的界限，如何体验一段伟大友谊的回报，就像我和詹娜一样。

　　曾经有一段时间，我不喜欢跟我一个朋友在一起。她是一个爱抱怨的人。我在个人很困难的那段时间遇见了她。正俗话说，"物以类聚"。我们聚在一起相互抱怨。她抱怨她的问题，我同情地对她说："哦，太糟糕了！"然后，我抱怨我生活中的遗憾，她也有共鸣地说："哦，太糟糕了！"不同的是，我站起来去改变自己的处境，我很有动力去改变。相反，她却沉浸在自己的痛苦中。于是，她抱怨她的问题，我不再同情她了。我给了她一些鼓励和她怎样才能让生活变得更好的想法。她找了很多借口。在我为我的成功感到高兴时，她会打断我。在我生命中闪耀着的光芒，比她想看到的更多。我和她在一起的时间越来越少。

　　雅各布是一个牢骚大王。我试过书里的每一种技巧——不是这本书，而是其他我能找到的书。我告诉他，当他发牢骚的时候，我听不懂他的话，我也拒绝回应他的那些牢骚话。其他的孩子甚至都不喜欢和他一起玩，这让他的抱怨更多。我们试图精确地解释没有牢骚的声音与有牢骚的声音的区别。我试着给他录音，让他听这些声音（当然只是他的声音）。我们试着用木偶。当他说话时，我们试图让他微笑。令人惊讶的是，这个孩子同时又哭又笑。我告诉过你，他是一个牢骚大王！他使我想起了我那哀怨的朋友。我觉得是时候冷静地改变这个残酷的事实了。于是，下次当他抱怨而没人跟他玩时，我就坐下了。我们四目相对，直视着他说：

"人们不喜欢听到别人的牢骚。那种语调是令人不愉快的。同伴们喜欢你,他们只是不喜欢你用爱抱怨的声音说话。他们想听你说什么,但不是你发牢骚的时候,他们无法理解你。如果你想让他们和你一起玩,停止抱怨,用你美妙的声音说话。"他照我说的做了。

我总是在间接地教孩子们如何做一个好朋友,用你的语言,以合作的方式玩等等,但我并没有直接地教他们。我决定改变我的方法。找到定义好朋友的机会,并描述什么样的行为与友谊相配,这并不难。每天,我都计划一个好朋友的活动。我们会通过替对方扶门来让他们练习成为好朋友。另一天,我们会通过让别人先走,来让他们练习成为好朋友。比较困难的是这个!当有人受伤时,我会请一个受伤孩子的朋友帮助我让那个孩子感觉好些。当然,孩子们不会实施急救,但他们可以扶着受伤人的手或递一张纸巾。有目的的友谊教学,就像预防生病的药物一样,它使许多潜在的问题远离了我们。

反思

詹娜的笑声把我拽回到尘世中。湿袜子毁掉一整天是一个荒谬的想法。今天我走错了路。如果我继续走下去,我就会很痛苦,让其他的人也跟着痛苦。许多孩子都能感受到我们的心情,他们知道我们什么时候处于恐惧之中。虽然很难做到每天、每一刻都是"向上"和开心的,但我们要做到最好。在那些日子里,当我们的情绪不好时,孩子们会理解我们。他们会完全接纳我们、尊敬我们、崇拜我们,即使当我们的袜子湿了的时候。

友谊是强大的。它们能把我们举起来,也能把我们打倒。我经常考虑如何教孩子们做好朋友,但我已经几个月没跟我的一个朋友说过话。我似乎只是找不到时间。作为成年人,呵护我们的友谊与建立幼儿园的友谊一样重要。请别忘了我们的朋友。

老师不仅仅是朋友。我们提供系统、结构的学习，但成为朋友是教学的重要组成部分。你和你的孩子们有过"朋友时刻"吗？有没有你只是喜欢和他们在一起的时候呢？你会玩糖果乐园吗？我已经玩了超过3 550场的糖果游戏，其中大部分我都是输掉的。在我的最后一份工作中，我的雇主把我提出的"不再玩糖果乐园，但会提供其他的游戏"的要求写进合同里。于是我们玩了其他的游戏。你跟孩子们一起玩吗？

友谊教学目标

1. 做好回应孩子们的友谊宣言的计划。当他们向你报告"他们不会和我一起玩"或者"他不再喜欢我"时，你就要有一个行动计划，而不仅仅是一个简单而空洞地回答"我相信他仍然喜欢你"。与配班老师和家长分享这些计划。

2. 计划友谊的活动。我最喜欢的一种方式是把那些通常不会一起玩的孩子配对，让他们一起创造一些东西。然后拍下他们创作的照片，并把它放在教室里。

3. 用墙面来展示友善的行为。当孩子们表现出一种真诚的友谊特质时，把它记下，并展示在墙上。当一个孩子让别人先走或者当一个孩子帮助别人的时候，您可以将它记录下来。一个孩子帮助另一个跌倒的朋友，甚至是一个简单诸如递蜡笔的动作，这类行为也可以被记录下来。

参考文献

Bronfenbrenner, Urie. 1979. The ecology of human development: Experiments by nature and design. Cambridge, MA: Harvard University Press.

Copple, Carol, and Sue Bredekamp, eds. 2009. Developmentally appropriate practice in early childhood programs serving children from birth through age 8, 3rd ed. Washington, DC: National Association for the Education of Young Children.

Gardner, Howard. 2006. Multiple intelligences: New horizons. New York: BasicBooks.

Gartrell, Dan. 2006. A guidance approach for the encouraging classroom. 4th ed. Clifton Park, NY: Thompson Delmar Learning.

Jalongo, Mary Renck, and Joan P. Isenberg. 2000. Exploring your role: A practitioner's introduction to early childhood education. Upper Saddle River, NJ: Merrill.

Johnson, Jeff A. 2007. Finding your smile again: A child care professional's guide to reducing stress and avoiding burnout. Saint Paul: Redleaf Press.

Johnson, Spencer, M.D. 2003. The present: The gift that makes you happy and successful at work and in life. New York: Doubleday.

U.S. Department of Health and Human Services. 1992. Caregivers of young children: Preventing and responding to child maltreatment. User manual series. Child Welfare Information Gateway. http://www.childwelfare.gov/pubs/usermanuals/caregive/caregivec.cfm.

附录：职业倦怠评估问卷和个人目标图表

附录 A　职业倦怠感评估问卷

- 早上醒来的时候，你是为去上班感到兴奋，还是在想找借口不去上班？
- 你最近有没有因为没有精力而不去做你认为最适合孩子的事情？
- 你是否在某一情境中反应过度、易怒或感到沮丧？
- 这周你有不明原因的头痛或背部、肩膀或脖子紧张吗？
- 你醒来时感到疲倦吗？
- 本周你是否花时间去享受自己／家人／爱好／朋友？
- 你对工作感到厌倦了吗？
- 你是否觉得自己不被赏识，或者你搞不清楚为什么自己的工作很有价值？

与跟你一起工作的同事或另外一个与你关系密切的人讨论这份调查问卷。

如果你所回答的任何问题或多个问题的答案是肯定的，那么就确定每个答案背后的"原因"。如果谈话表明你对你的工作总体上不满，那就和你的上司讨论一下吧。尽快制订一个行动计划，让自己恢复活力。

记住照顾好自己是你能给予你爱的人最好的礼物。

Copyright. 2009 by Cindylee Villareale. Published by Redleaf Press. May be reproduced for staff use only.

附录 B　个人目标表

姓名：_____

活动和日期

1. _____

完成 _____

2. _____

完成 _____

姓名：_____

活动和日期

1. _____

完成 _____

2. _____

完成 _____

姓名：_____

活动和日期

1. _____

完成 _____

2. _____

完成 _____

Copyright. 2009 by Cindylee Villareale. Published by Redleaf Press. May be reproduced for staff use only.

个人目标表

姓名 _____ 第 _____ 周

才能领域 _____

目标 _____

_____

_____

_____

课程计划中帮助实现这一目标的具体活动：

日期：周一　周二　周三　周四　周五

活动 _____

日期：周一　周二　周三　周四　周五

活动 _____

记　录

Copyright. 2009 by Cindylee Villareale. Published by Redleaf Press. May be reproduced for staff use only.

后记

你是否曾经有躺着看雪花飘落下来的时刻？如果没有，你应该试一试。它是难以描述的。趁年轻时试一试。我发现，随着年龄的增长，这样做会让我头晕，我也会有点眩晕。不管怎么说，我们中有五个人从这个角度观察世界，杰西问："为什么雪花落下有时会转圈，有时是笔直地落下？"

"我不确定你会怎么认为"，我期待各种有趣的答案，但我却得到了另一个问题。

"什么是'认为'呢？"

"嗯，它是指用你的大脑来处理事情，这听上去就像是你在头脑中跟自己说话。"

我们静静地观察了一会儿雪，贾罗德问道："你怎么让你的'思考'停下来，这样你就可以再看一次雪了？"

我理解他的感受。有时候，当你在教学的时候，你需要考虑的事情太多了，你想要暂停思考，重新回到教学上来。当我忘记了所有我必须做的事情，而仅仅是关注我自己的时候，那是最好的时光。总是想着该说些什么、谁在说什么、我把它记下来了吗、待会儿别忘了把它记录下来,这些想法都会让人分心和疲惫。

有一天,我只是放松自己并关注教学。一切都自然而然地开始了。我知道什么对孩子是最好的,我知道如何为家庭服务,我知道如何创造一个最佳的早期学习环境,这一切都变成了自然而然的习惯。现在我终于可以放松和享受它了。我仍然在挑战自己,多走一英里,为好奇心创造机会,在一个新的层次上接纳父母,为个体而教。但是每天,在教学的时候,我很享受这个过程。

我们也从错误中学习。我们将尝试教一些没人感兴趣的东西。我们会读一本孩子们不喜欢的书。我们会尝试烘烤饼干,虽然他们不会参加。我们会经历失望、拒绝,有时甚至是公众的嘲笑。我们可能认识一个正在与威胁到生命的疾病作斗争的孩子,我们可能认识一个不能度过余生的孩子。我们的背会酸痛,我们会流汗,我们的心也会破碎。

但我们也知道拥抱的力量。我们会画房子和鲜花。我们会通过洗手阻止疾病,我们会聆听新谱写的曲子。我们会看到纯洁。我们会放慢脚步去看新生的蝴蝶、融化的雪、破土而出的种子,从中感受大自然创造的奇迹。我们会在那里看孩子发现知识。我们会观察有创意的创造,思考的开始,及个性的形成。我们的身体会变得强壮,我们的能量会被重新激发,我们的心将会相爱。

你每天都在教。但今天你将学些什么呢?